# Wolf unter Wölfen

Werner Freund

# Wolf unter Wölfen

## Ein Leben als Mensch im Wolfsrudel

Augustus

## Konrad Lorenz und der Autor

Als mich Prof. Dr. Konrad Lorenz, Begründer der Human- und Tierpsychologie verbindenden Verhaltensforschung, am 9. Februar 1989 zu einem Besuch und persönlichen Gespräch nach Altenberg bei Wien eingeladen hatte, unterhielten wir uns etwa drei Stunden über das Leben der Wölfe. Dabei nahm er mein Buch *Der Wolfsmensch* immer wieder zur Hand. Wir beide „sendeten auf einer Frequenz". Er bezeichnete meine Position im Wolfsrudel als „Ehrenwolf". Zum Abschied schenkte er mir sein letztes Buch *Rettet die Hoffnung* mit der Widmung: „Herrn Werner Freund, dem Kenner der Wölfe freundlichst zugeeignet." Er riet mir, unbedingt weiter über die Wölfe zu berichten: „Sie wissen zu viel, das darf nicht verloren gehen." Seine Worte wurden für mich zum Auftrag, denn ich verehre diesen Menschen, er ist mein Vorbild. Ohne Konrad Lorenz' Vermächtnis wäre das vorliegende Buch nicht zustande gekommen.

## Impressum

BILDNACHWEIS:

G. Kopp: S. 2, S. 8, S. 13, S. 18, S. 22, S. 25, S. 27, S. 28, S. 30, S. 34, S. 36, S. 37, S. 41, S. 42, S. 49, S. 52, S. 68, S. 72, S. 78, S. 89, S. 98, S. 103, S. 105, S. 106, S. 109, S. 111, S. 126

H. Jenal: S. 5, S. 33, S. 38, S. 73, S. 75, S. 82, S. 85, S. 93, S. 100, S. 101, 102, S. 119

H. P. Wirtz: S. 10, S. 86, S. 96, S. 112, S. 15, S. 120, S. 122, S. 124

H. Hoppe: S. 14, S. 17, S. 21, S. 45, S. 46, S. 51, S. 55, S. 59, S. 60, S. 63, S. 64, S. 71, S. 81, S. 91, S. 92, S. 95, S. 99, S. 104, S. 116, S. 123, S. 127

G. Glaser: S. 76

Die Deutsche Bibliothek – CIP-Einheitsaufnahme

Freund, Werner:
Wolf unter Wölfen : Ein Leben als Mensch im Wolfsrudel – München: Augustus-Verl., 1999
ISBN 3-8043-7330-5



Augustus Verlag, München

Umschlaggestaltung: Zentralbüro für Gestaltung
Umschlagfoto: H. Jenal, Überherrn
Lektorat: Sibylle Kolb, Augustus Verlag
Layout und Satz: Vera Faßbender, Augustus Verlag, gesetzt aus der Scala 10/15 Punkt, nach einem Entwurf vom Zentralbüro für Gestaltung, Augsburg
Reproduktion: Repro Ludwig, A-Zell am See
Druck und Bindung: Appl, Wemding
Gedruckt auf umweltfreundlich chlorfrei gebleichtem Papier
Printed in Germany

ISBN 3-8043-7330-5

# Eine andere Art Märchen

Wölfe sind blutrünstige Monster. So erzählen es Märchen, und viele Menschen glauben daran. Doch mitten im deutschen Wald lebt ein Mann unter Wölfen. Er ist ihnen Vater und Mutter, später ihr Bruder, schließlich ihr Oberwolf. Er schläft bei ihnen, heult mit ihnen, geht mit ihnen auf Beutefang: Eine Sensation für Reiseführer, ein Ziel vieler Busfahrten, den modernen Pilgerreisen – und mithin Stoff genug für Legenden.

Und da stehst du dann mit vielen anderen an einem Sonntagmorgen im Kammerforst Merzig am Zaun der Wolfsgehege, staunst über die Anmut, Schönheit und Zärtlichkeit der Wolfstiere, aber noch mehr über diesen Wolfsmenschen. Nichts von Härte oder Herrschaftsgebaren. Klare, friedliche Züge, zärtlich blickende Augen, viel Weichheit, aber nichts Weichliches, Sanftheit und doch auch Bestimmtheit, Entschlossenheit, vor allem Wachheit.

Ein Grenzgänger, halb Mensch, halb Wolf, aber kein Zwitter mit einander widerstreitenden Wesenszügen. Sein Charakter hat sich durch und mit dem der Wölfe gebildet. Er lernt von ihnen, nicht sie von ihm. Das tradierte Bild vom Wolf ist falsch. Mit dieser Erkenntnis befindest du dich gedanklich schon nicht mehr vor dem Zaun, sondern schon innerhalb des Geheges. Aber nur gedanklich. Ihn real zu überschreiten, gelingt nur wenigen, für die Dauer eines Wolfslebens nur einem: Werner Freund. Nomen est omen, der Name ist hier Schicksal. Freund der Tiere. Denn vor seiner lebenslänglichen Kumpanei mit Wölfen lebte Werner Freund mit anderen Tieren zusammen, zum Beispiel mit Bären.

Er hat darüber in Büchern berichtet. Meisterhaft, auf seine unverwechselbare Weise. Vor allem davon, daß Tiere anders sind, als unsere Schulweisheit sich träumen läßt. Jedes Tier ist einmalig und unwiederholbar, ein Individuum. Wolf ist nicht Wolf. Als Kinder ist uns das alles noch selbstverständlich, als Erwachsene haben wir es vergessen.

Meine Frau Erika hilft mir bei der Aufzucht der Wölfe.

Von Tieren lernen. Vor allem eins: Wie man ganz im gegenwärtigen Augenblick leben kann, ohne Furcht vor der Vergangenheit und Angst vor der Zukunft, ohne Bangen und Hoffen. Von dieser totalen Präsenz träumen viele Menschen, diese Wachheit gilt in den großen Weltreligionen als Glückszustand. Darüber haben große Geister philosophiert. Von dergleichen glücklichen und wachen Menschen berichten die Geschichtsschreiber. Es gibt sie also, wenngleich selten. Wer aber suchte sie unter Wölfen? Eine Entdeckung – so erstaunlich, daß man sie für ein Märchen halten möchte.

Dr. phil. Sigrid Neef

# I n h a l t



## Meine Wölfe (Timberwölfe)

## Indische Wölfe

## Europäische Wölfe

## Arktiswölfe

# Dank meiner Mutter

Meine Mutter hat mir viele ihrer Neigungen und Fähigkeiten vererbt und mit ihrer Persönlichkeit mein Leben entscheidend geprägt. Kaum daß ich laufen konnte, begleitete ich sie auf Schritt und Tritt. Dabei waren, ob zu Hause, im Feld oder im Wald, immer Tiere in unserer Nähe. Ich half ihr bei der Aufzucht von Küken, spielte mit den Ferkeln und war oft im Stall der Ziegen zu finden, wo ich deren Geburt miterleben durfte und die mir ebenfalls zu Spielgefährten wurden. Eine besondere Rolle fiel unseren häuslichen Mitbewohnern zu, den Katzen. Immer wenn ich mit meiner Mutter zum Kartoffelhacken auf ein Feld in der Nähe des Dorfes ging oder mit ihr im Handkarren Grünfutter für die Ziegen holte, begleitete uns eine der Katzen. Verwundert fragte ich, warum uns nur diese eine schwarzweiße Katze nachlaufe, die anderen hingegen nicht. Katze sei nicht Katze, und jede habe ihren eigenen Kopf, erklärte mir meine Mutter. Das war meine früheste Lektion, Tiere als einzigartige Individuen zu achten und zu behandeln.

Bald durfte ich meine Mutter auch auf den Bauernhof unseres Nachbarn begleiten. Dort war ein wahres Paradies für mich, denn der Onkel hatte außer Pferden, Kühen und Schweinen auch eine größere Schafherde samt den dazu gehörenden Hütehunden. Mutter kannte keine Scheu vor Tieren und lehrte mich auch ein angemessenes Verhalten den Hunden gegenüber: sanft mit ihnen sprechen, immer die Ruhe bewahren und sie nicht durch Schreien verängstigen. Ich beherzigte das sofort, da ich ja ihre Freundschaft suchte. Eines Tages hatte eine der Hütehündinnen Welpen bekommen. Da Mutter arbeitete, konnte sie mich nicht laufend beaufsichtigen. Mein Onkel sagte mir zwar, ich solle mich von der Hündin fernhalten, da sie nun ihre Jungen verteidige und beiße, aber diese Warnung kam zu spät: Ich hatte mich längst mit ihr angefreundet und war bereits mehrmals bei den Welpen gewesen.

Aufgeflogen ist dieses vertraute Beieinandersein erst, als ich eines Tages zum Mittagessen gesucht wurde, aber nicht aufzufinden war, weil ich bei den Welpen in der Hundehütte lag. Aus Furcht vor Schelte, verhielt ich mich anfangs ganz still. Doch als man dann überall auf dem Hof suchte und ich hörte, wie meine Mutter sich über mein Verschwinden ängstigte, streckte ich den Kopf aus der Hundehütte heraus, worauf meine Mutter in komischer Verzweiflung rief: „Was habe ich da nur aufgezogen!" Während der gesamten Stillzeit ließ die Hündin niemanden außer mich an ihre Jungen heran. Mutter erlaubte mir weiterhin den Umgang mit der Hündin und ihren Welpen, allerdings mit der strengen Auflage, auf ihr Rufen sofort zu kommen. Für diese großzügige und – für eine sich um ihr Kind sorgende Mutter – ungewöhnliche Erlaubnis sei ihr heute noch Dank gesagt. Denn für das heranwachsende Menschenkind wurde dieses Zusammensein mit den ebenfalls heranwachsenden Hunden wichtig und prägend. Es war ein Schlüsselerlebnis hinsichtlich meines späteren Lebens als Wolf unter Wölfen.

Für Mutter waren alle Tiere gut, und so hatte auch ich niemals Angst vor einem Tier. Statt Märchen über den „bösen Wolf" erzählte sie mir von den Tieren, mit denen sie aufgewachsen war. Langsam und vorsichtig machte sie mich so mit den Eigenarten von Tieren bekannt. Wenn ich jedoch allzu eigenständig Bekanntschaft mit Tieren machte, war sie besorgt und machte mir auch die Grenzen deutlich. Mit der Zeit aber ließ sie mich dann gewähren. Was und wie ein Kind in den ersten drei Lebensjahren lernt, vor allem durch den Einfluß der Mutter, ist für sein weiteres Leben entscheidend. Das hierbei Versäumte ist später nicht mehr aufzuholen. Die nächste Phase ist etwa vom dritten

Begrüßung nach Wolfsart.

bis zum sechsten Lebensjahr anzusetzen. Hier beginnen die eigenen Aktivitäten. Im Alter von sechs Jahren hatte mir mein Onkel die Hütehündin Flora als Welpen geschenkt. Im täglichen Zusammenleben „erlernte" ich ihre Sprache, ich überschritt die Grenze des reinen Mensch-Seins. Es kam zu einer direkten Kommunikation zwischen uns, und beim Hüten der Herde konnte ich mich mit Flora in deren Sprache verständigen. Das in der Prägungszeit Erlebte und Erlernte kann im Leben immer wieder abgerufen werden. Ich habe es getan.

Haben Menschen am Anfang freie Tiere ihrem Willen unterworfen (so wurden beispielsweise Wölfe domestiziert, aus denen dann die Hunde entstanden), ging ich in die entgegengesetzte Richtung: Ich ließ mich ganz bewußt von den Wölfen verwolfen, wollte wissen und erleben, was freies Wolf-Sein bedeutet. Um das zu erfahren, übernehme ich vom achten bis zum zehnten Lebenstag, wenn die Augen der Wolfswelpen noch geschlossen sind, die Rolle der Mutter und verhalte mich wölfisch-mütterlich. Ab der dritten bis vierten Lebenswoche beginne ich, von den Wölfen zu lernen, gewinne ihr Vertrauen und ihre Zuneigung, bin in ihrer Mitte zugleich Alphawölfin und Alphawolf und später das oberste Wolfstier und führe mit ihnen bis zu ihrem Tod ein gemeinsames Leben. Das setzt neben Neugier und Liebe ein grenzüberschreitendes Einfühlungsvermögen voraus. Dieses hat mir meine Mutter nicht nur vererbt, sondern sie hat es während meiner Prägungszeit durch Anleitung bewußt gefördert.

Nun schlüpfe ich während der Prägungszeit der Wölfe selbst in die Rolle einer Mutter.

## Liebe als Wegweiser zum Wolfsleben

Die einen behaupten, Tiere haben keine Gefühle, andere meinen dagegen, sie könnten sogar eine Seele haben. Der Meinungsstreit, der unter Wissenschaftlern wie Laien ausgetragen wird, hat letztlich ganz praktische Konsequenzen. Denn von einem Ja oder Nein hängt der Umgang mit Tieren ab. Ich gehöre zu denen, die bei höheren Säugetieren ein Gefühlsleben bejahen. Erkennen kann nur derjenige das Innenleben, der über Jahre hinweg mit den Tieren auf gleicher Stufe lebt, der in ihrer Welt geistig wie praktisch zu Hause ist. Dann erst entstehen lebenslange Freundschaften. In meinem Fall heißt das, eine enge Beziehung zu wehrhaften wilden Tieren anzustreben und deshalb gedanklich und gefühlsmäßig ihr von der Natur gegebenes Dasein mitzuleben. Anfangs übernehme ich die Mutterrolle, später werde ich zum Kumpan, der jedoch beim Erwachsenwerden der Tiere dominant bleiben muß. Ebenso wie die Tiere unter sich in ihrer Art nur die wesens- und handlungsstärksten

Tiere akzeptieren, tun sie dies auch einem Menschen gegenüber, der mit ihnen einzeln oder in einer Gruppe zusammenlebt.

Raubkatzen, Bären und eine Hyäne waren meine Lebenspartner. Wölfe sind es bis zum heutigen Tag. Jeder Art gegenüber habe ich eine ihr gerechte Rolle zu spielen. Einem Schauspieler vergleichbar, muß ich mich in das Tierwesen hineindenken, dessen Gefühle erkennen und mich ihm anverwandeln. Doch anders als bei einem Schauspieler muß eine echte Identifikation zustande kommen, sonst werde ich von den Tieren durchschaut und nicht akzeptiert. Also muß ich einer von ihnen werden. Für mich ist das kein Problem. Die Natur verlieh mir entsprechende Fähigkeiten, die meine Mutter gefördert hat. Bei meinem Leben unter Tieren nehme ich Züge der Tiere an und bleibe doch Mensch. So beschütze ich Schwache und helfe ihnen. Das ist unter Wölfen nicht denkbar. Ich bin also ein Grenzgänger zwischen zwei Welten, die einmal einander ähnlich, dann aber doch wieder ganz verschieden sind.

## Die Elefantenmädchen Cella und Vilja

Durch die innere Hinwendung zum Tier lernte ich als junger Tierpfleger auch die Elefantenmädchen-Cella und Vilja näher kennen. Es waren die ersten Elefanten, die überhaupt in die „Wilhelma" (Zoo in Stuttgart) kamen. Sie gehörten zwar nicht in mein „Raubtierrevier", in dem ich als Pfleger tätig war, jedoch schon am frühen Morgen, wenn ich mit dem Schubkarren voll Fleischportionen an dem Elefantengehege vorbeifuhr, hatte ich jeweils ein Brot für sie dabei. Nach einigen Tagen warteten die Elefanten schon regelrecht darauf. Bald hatte deren Pfleger Richard seinen Schützlingen beigebracht, ein Vorderbein zu heben. Diese Möglichkeit, auf einen Elefanten aufzusteigen, konnte ich zuerst bei Cella, später dann bei Vilja nutzen. Ich „ritt" auf ihnen durch das Gehege; das machte nicht nur mir Spaß, sondern ich fühlte, daß es auch den beiden Elefantenkühen Vergnügen bereitete. An den Wochenenden, an denen auch ich Dienst hatte, wurden die Elefanten von mir mitversorgt und ich legte ihnen auch abends im Stall die Ketten an einem Vorderbein und einem Hinterbein an. Bei meinem täglichen Rundgang nach der Arbeit durch das Zoogelände, auf dem ich auch mein Zimmer hatte, ging ich immer bei Cella und Vilja vorbei, sprach sie kurz an und streichelte sie mit der Hand über den Rüssel. Meine „guten Beziehungen" zu den beiden gewaltigen Kolossen sollte ihnen das Leben retten. Im Winter 1952/1953 weckte mich der Nachtwächter hastig und aufgeregt gegen 5.00 Uhr morgens mit den Worten: „Werner, Werner komm, im Elefantenhaus brennt es!" Schnell angezogen, rannte ich aufgeregt dorthin und sah den Rauch schon aus den Fenstern qualmen. Ich riß die Türen auf und hörte im Qualm die röchelnden Elefanten, sehen konnte ich sie im ersten Moment nicht. Ich sprach auf die Tiere ein: „Cella, Vilja – ich bin ja da". Als ich aus nächster Nähe die Umrisse erkannte, ging ich auf sie zu, um die Ketten zu lösen. Das war äußerst gefährlich, denn die Elefanten tobten in Lebensgefahr. Aber an die Gefahr für mich dachte ich in diesem Moment nicht, obgleich es leicht hätte passieren können, daß mich eine der Elefantenkühe in ihrer Todesangst ohne Absicht an die Wand gedrückt hätte. Es gelang mir, den beiden die Ketten an den Beinen zu lösen und sie in das Außengehege zu lassen. Die Tiere röchelten sehr stark. Da es überdies sehr kalt war, leitete ich Bewegungen ein und lief selbst hustend neben den Elefanten her. Mich hatte es zwar auch ganz schön erwischt, aber bei den Elefanten war eine Rauchvergiftung zu befürchten. Bis sieben Uhr morgens bewegte ich die Tiere, dann kamen die anderen Tierpfleger und lösten mich ab.

# Meine Wölfe

## Lernen auf Leben und Tod

Konrad Lorenz, der weltbekannte Vater der Verhaltensforschung, nannte mich einen Ehrenwolf. Eine treffende Bezeichnung, macht sie doch die Besonderheit meiner Stellung im Wolfsrudel deutlich: Ich bin einer der ihren und trotzdem herausgehoben. Doch bei aller Ehre, das Leben mit Wölfen verlangt ganz direkte und konkrete wölfische Verhaltensweisen. Die soziale Führung des Rudels obliegt dem Alphawolf. Mit dem Funktionieren der engen Beziehung zum Alphawolf steht und fällt meine Beziehung zum gesamten Rudel. Hierbei sind Gefühl und Reaktion maßgeblich. In der Natur führt der Alphawolf das Rudel, aber in der speziellen Konstellation Wolf – Mensch stehe ich über dem Alphawolf, bin also der Oberwolf. Diese herausgehobene Position ist nötig, da ich mich nicht in Positionskämpfe verwickeln lassen kann. Will ich überleben, muß ich also im wahrsten Sinne des Wortes „unantastbar“ sein. Und dennoch: überraschen lassen darf ich mich nie. Denn kommt es doch einmal zu einem Angriff des Alphawolfes auf mich und ich blocke nicht sofort mit Entschiedenheit ab, zum Beispiel durch einen Kinnhacken, Biß in den Fang oder einen Tritt mit dem Stiefel unters Kinn, habe ich meine Position für immer verspielt und werde aus dem Rudel ausgeschlossen. Blocke ich aber ab, ist der Alphawolf überrascht, seine Angriffshaltung verwandelt sich schlagartig in Demut und das Rudel akzeptiert mich weiterhin als seinen zweibeinigen Ehren-Oberwolf. In diese für mich extreme Situation kam ich innerhalb meines über zwei Jahrzehnte dauernden Zusammenlebens mit Wölfen nur bei drei Alphawölfen. In allen Fällen handelte es sich um Fehler von mir.

Weihnachten 1984: An diesem Wintertag fanden sich viele Besucher am Wolfsfreigehege ein. Ich mußte dringend austreten und stellte mich hinter die kleine niedrige Hütte innerhalb des Gehcges. Der Alphawolf Igor kam hinzu, hob sein Bein und überpinkelte die Urinstelle am Boden. Sofort wurde mir mein Fehlverhalten bewußt. Von diesem Moment an lief Igor mir täglich nach. Zwar war ich weiterhin für meine Wölfe der Beute- und Oberwolf, jedoch hatte ich mit meinem Verhalten versehentlich auch auf die Position des Arterhalters Anspruch erhoben. Das mußte zwangsläufig Igors Protest hervorrufen. Deshalb versuchte er in der Vorranzzeit, das Rudel auf seine Seite zu ziehen, was ihm letztlich auch gelang. Und so passierte folgendes: Im Februar 1985, in der Ranzzeit also, sprang Igor wie gewöhnlich zur Begrüßung an mir hoch. Ich begann zu heulen und er stimmte für einige Augenblicke in das Geheul ein. Im nächsten Moment jedoch – ohne Übergang – knurrte er mich an. Daraufhin stieß ich ihn grob mit dem Arm weg. Er stutzte, zuckte merklich zusammen und ließ eine verhaltene Wut erkennen. Das war der Beginn des Abdrückens und späteren Abbeißens. Dann lief er einen großen Bogen um mich herum – das Rudel folgte ihm geschlossen.

Igor wollte mich – den Ehrenwolf, das zweibeinige Wolfsindividuum – vertreiben, weil ich durch mein unbedachtes Verhalten in Paarungskonkurrenz zu ihm getreten war. So war ich gewarnt und ahnte, was mir bevorstand. Aus diesem Grund ließ ich Igor nicht aus den Augen. Eines Tages verrichtete ich an der Wasserstelle kleinere Arbeiten. Da sah ich, wie Igor, gefolgt vom ganzen Rudel, wutentbrannt auf mich zukam, mit weit geöffneten Pupillen, gespitzten Ohren, gesträubten Rückenhaaren, die Rute in Angriffshaltung – Attacke! Für mich gab es kein Zurück, nur ein Vorwärts. Auf knapp einen Meter ließ ich ihn an mich herankommen. Das Rudel lauerte in Angriffshaltung hinter ihm. Ich schaute ihn fest an, und als er unter Knurren zum Sprung ansetzte, trat ich ihn mit voller Wucht unter den Fang. Igor war sichtlich verblüfft. Das Rudel schlug sich wieder auf meine Seite. Ich hatte mich ihm gegenüber durchgesetzt. Von nun an begrüßte mich zuerst Anuschka, die bis Ende März die Stelle von Igor einnahm. Im Moment der Auseinandersetzung war nicht erkennbar, wie es um die Position des Oberwolfes im Rudel bestellt war. Mir blieb gar nichts anderes übrig, als den von Igor eingeleiteten Angriff in letzter Sekunde für mich zu entscheiden.

Die Ära meiner Wolfsforschung wäre zu Ende gewesen, wenn mich Igor mit dem gesamten Rudel angegriffen und abgebissen hätte. Durch diesen Zwischenfall aber war Igors Zeit als Alphawolf abgelaufen. In dem Rudel war kein anderer wesensstarker Wolf vorhanden, der als Nachfolger für Igors Position in Frage gekommen wäre. Zwar handelte es sich um ein Geschwisterrudel, doch auch hier gibt es drastische Unterschiede in der Wesensart der Wölfe, und nicht jeder kommt für die Führungsposition in Frage. Dafür sind vor allem Wesensstärke und Dominanz entscheidend. Spätestens durch die jährlich nachfolgenden Rudelmitglieder wird die Rangfolge geregelt. Ungefähr bei Erreichen des zweiten Lebensjahres, das mit der Geschlechtsreife zeitgleich ist, werden die dafür notwendigen Rangkämpfe ausgetragen. Ansonsten läßt der in der Natur herrschende Lebenskampf nur die Stärksten und Durchsetzungsfähigsten überleben. Doch als zweibeiniger Wolf ziehe ich alle auf, auch die Wesensschwachen.

Während der Ranzzeit mied Igor den direkten Kontakt. Aber nach der Ranzzeit suchte er meine Nähe. Wollte er wieder seinen Rang einnehmen? Am 13. April 1985 – dieser Tag bleibt mir immer unvergessen – kam Igor, als ich inmitten des Rudels kniete, bis auf drei Meter Entfernung an mich heran. Seit dem Rangkampf bestanden zwischen uns Spannungen. Als ich ihm direkt in die Augen schaute, begann er zu knurren. Dadurch hatte ich eine Aggression ausgelöst. Einen Tag später kam er auf die gleiche Entfernung an mich heran. Diesmal schaute ich an ihm vorbei. Mit vertrauter Stimme sprach ich ihn an: „Igor, mein Junge“. Siehe da, er kam auf mich zu, sprang mich an und legte seine Läufe auf meine Schultern. Im gleichen Augenblick begann ich zu heulen. Igor stimmte ein und schließlich das gesamte Rudel.

Zugegeben, diese Begegnung mit Igor kostete mich viele Nerven. Und doch: Er ist und bleibt für mich der Wolfsprofessor Nummer Eins. Durch ihn und seine konsequenten Reaktionen bin ich endgültig zu einem zweibeinigen Wolf geworden. Die Kommunikation zwischen einem wesensstarken

Wolf und einem wesensstarken Menschen in dieser aggressiven, für mich nicht überschaubaren Situation, war entscheidend. Neutrales Gefühl und Aggression liegen bei Wölfen dicht nebeneinander. Das habe ich in der Auseinandersetzung mit Igor erfahren. Grenzüberschreitendes Einfühlungsvermögen bedeutete hier, in Sekundenschnelle die mir gegenüber von Igor aufgebaute Aggression durch körperlichen Einsatz zu stoppen, also mich selbst quasi instinktiv-wölfisch zu verhalten. Wölfe handeln bei Machtkämpfen um die Führungsposition in der Endphase, nämlich im Angriff, direkt und unmißverständlich siegesorientiert. Das nach den Gesetzen der Wölfe gebundene Rudel bewegt sich immer auf der Seite des Stärkeren.

Der im Alter von vierzehn Jahren verstorbene Wolf Igor war meine Wolfsleitfigur. Wir blieben Freunde bis zu seinem letzten Atemzug. Doch die Auseinandersetzungen mit ihm machten mir klar, zu welchen Problemen es kommen kann, wenn ich als zweibeiniger Wolf die Gesetze der Wölfe nicht einhalte oder verletze.

Der zweite Vorfall trug sich folgendermaßen zu: Während der Ranzzeit im Februar 1984 war ich von dem einjährigen Rudel der jugoslawischen Wölfe gekommen und wollte mit dem gleichen Anzug in das Gehege der europäischen Wölfe namens Riese, Strolch und Knurrhans gehen. Da die einjährigen „Jugoslawen" noch nicht geschlechtsreif waren, vermutete ich keinerlei Probleme in puncto Geruchsempfindlichkeit bei den „Europäern". Diese nachlässige Eile sollte ich bereuen. Ich hatte falsch gedacht und wurde eines besseren belehrt. Anstatt mich durch Schnauzenkontakt zu begrüßen, sprang mich Riese knurrend

Blick zurück: Iff, der Alphawolf der Timberwölfe.

an. Da gab ich ihm einen Kinnhaken. Er war überrascht, nahm die Rute zwischen die Läufe und zog sich zurück. Meine harte Reaktion war nötig. Denn Rieses Umschalten vom untertänigen Schnauzenkontakt zum Anknurren war die Vorstufe für den direkten Angriff. Hervorgerufen wurde Rieses Reaktion durch den Geruch des anderen Rudels. Wieder hatte ich ein Wolfsgesetz verletzt. Im Falle einer Rückzugsreaktion meinerseits hätte ich das Freigehege niemals mehr betreten können. Eines der Wolfsgesetze besagt, was in einer solchen Situation entschieden ist, bleibt für immer entschieden. Wer sich in diesem Moment schwach zeigt, der ist für Wölfe immer schwach. Einem ungeschriebenen Gesetz gleichkommend, wirkt dabei der Alphawolf bestimmend auf sein Rudel ein.

Zum dritten Zwischenfall mit den Wölfen kam es im April 1995. Ein japanisches Fernsehteam drehte einen Film über meine Wölfe. Dazu stellte die Stadt Merzig einen ausschwenkbaren Baumschneidewagen zur Verfügung, mit dem der Kameramann über den Zaun der Gehege gefahren wurde, also von oben filmen konnte. Es gab bei den einzelnen Rudeln keine Probleme bis auf eine Ausnahme: Ronja, die elfjährige Timberwölfin war scheinträchtig und suchte immer wieder eine alte, frisch ausgegrabene Höhle auf und grub mit ihren Vorläufen Erde aus der Höhle. Das wollten die Japaner verständlicherweise filmen, da es ja ein Film über das Verhalten der Wölfe werden sollte. Natürlich stellte die Wölfin ihre Handlungen immer dann ein, wenn sie sich beobachtet fühlte. So blieb der Wagen zwei Tage am Gehege stehen, und sie überredeten mich, immer wieder zwischendurch zu filmen. Einerseits war auch ich daran interessiert, daß Ronjas Verhalten festgehalten wurde, andererseits hatte ich ein ungutes Gefühl, da die Wölfe sich laufend beobachtet fühlten. Ich sollte mit meiner Vermutung, daß dieser Fremdkörper die Wölfe nervös machen würde, recht bekommen. Als ich auf dem Waldboden zwischen dem Timberrudel kniete, knurrte mich Alphawolf Iff an und attackierte mich schließlich auch. Als er sich unmittelbar in meiner Körperhöhe befand und aggressiv wurde, bekam er von mir einen Faustschlag unter den Fang. Iff reagierte sichtlich überrascht und entfernte sich. Diese in Sekundenschnelle zu treffende Entscheidung hatte ich von den Wölfen gelernt. Iff ging zuerst auf respektvolle Distanz, näherte sich dann wieder an, bis

Meine Jagdfreundin Ronja schmiegt sich immer an mich, wenn ich im Gehege bin. Iff im Hintergrund.

sich bald die alte vertraute Beziehung zwischen uns beiden wieder einstellte.

Ein Fehlverhalten meinerseits war also in allen drei Fällen eindeutig der Auslöser der Aggression und des Angriffsverhaltens mir gegenüber. Ein Entschuldigen gibt es im Wolfsleben nicht. Die Welt der Wölfe ist eine hierarchische, disziplinierte und gefühlsbestimmte Welt, in der Welpen und Jungwölfe umsorgt aufwachsen, aber dennoch durch unnachgiebiges Training auf ihr späteres, Leben im Rudel vorbereitet werden. Das Umsorgen läßt bei zunehmenden Lebenstagen nach. Dann beginnt je nach Wolfsrudelart und dem Individuum des Alphawolfes im vierten bis sechsten Lebensmonat das Herabsetzen und Eingliedern. In der Zeit von April bis Mai geboren, müssen Wölfe bereits im Winter vollwertig im Rudel mitjagen.

## Die Alphawölfin: Königin im Wolfsrudel

Das Leben eines Wolfsrudels funktioniert durch eine instinktgesteuerte Disziplin. Nur die Wesensstärksten, das heißt die Wölfe, die sich den anderen gegenüber durchsetzen, leben mehrere Jahre in dieser sozialen Jagd- und Kampfgruppe. Die Führung hat der Alphawolf. Zugleich ist beim Zusammenleben mit den Wölfen aber auch die einflußreiche Stellung der Alphawölfin nicht zu übersehen. Sie ist dem Alphawolf nachgeordnet oder besser gesagt, sie führt gemeinsam mit ihm das Rudel. Dieser Wölfin obliegt nicht nur das Austragen und Gebären, von ihr hängt nicht nur die Fortexistenz des Rudels ab, sondern sie ist die bestimmende Seele der Gruppe. In den meisten Fällen wird ein Wolf ohne ihre Zuneigung nicht zum Alphawolf, außer es geschieht, daß sich ein Wolf aufgrund seiner ausgesprochenen Wesensstärke den anderen Wölfen gegenüber in unmittelbarer dominanter Form allein durchsetzt. In solchen Fällen spielt sie dann im Rudel eine weniger einflußreiche Rolle. Immer besteht aber eine ständige und intensive Kommunikation zwischen diesen beiden Tieren. In der Vorranzzeit, die schon im Dezember eingeleitet wird, drückt die Alphawölfin die anderen geschlechtsreifen Wölfe oder Wölfinnen ab, indem sie direkt auf sie einbeißt. Dies kann zu schweren Verletzungen führen. In einem Freigehege ist das nicht problemlos, denn bis zur Ranzzeit von Februar bis März steigern sich die Angriffe. Im freien Lebensraum kann eine unterlegene Wölfin sich vom Rudel entfernen, hier jedoch nicht. In wenigen Fällen kann es gar zu tödlichen Verletzungen der unterlegenen Wölfin kommen.

Das weibliche Wolfsindividuum hat ein ausgeprägteres Gefühlsleben als die männlichen Wölfe. Es ist nur schwer zu deuten. Im krassen Gegensatz dazu steht das mitleidlose Vorgehen einer Rivalin gegenüber. Bei männlichen Wölfen findet eine vergleichbar harte Auseinandersetzung nur zwischen zwei gleich starken Tieren in der Endphase des Kampfes um die Alphastellung statt. Das Zusammenleben funktioniert also nur, weil das Wolfsrudel überwiegend aus männlichen Tieren besteht. In ihre Rangordnung eingegliedert, gehen diese recht friedlich miteinander um. In der „Vierer Bande“, so nannte ich das Rudel europäischer, im Mai 1980 geborener Wölfe, schien anfangs Riese, der körperlich kräftigste Wolf, die Alphastellung innezuhaben. Er zeigte den anderen gegenüber eine dominante Haltung. Doch die von mir Kleine genannte Wölfin, hegte Riese gegenüber keine große Sympathie. Meist knurrte sie ihn an, wenn dieser in ihre Nähe kam. Immer deutlicher suchte die Wölfin den Kontakt zum nächsthöheren Wolf Knurrhans. Strolch, der dritte Wolf im Rudel, spielte eher eine neutrale Rolle. Im August 1982 kam es zur Ablösung von Riese. Nicht etwa der Wolf Knurrhans griff ihn an, sondern die Wölfin Kleine.

Sie nutzte die Situation aus, als ich ein überfahrenes Reh in das Gehege gab und Riese als erster die Beute für sich beanspruchen wollte. Im gleichen Moment hatte sie die Unterstützung von Knurrhans und Strolch.

Jedem Ablösungsvorgang geht eine Planung voraus. Der Abzulösende wird innerlich „abgetastet". Äußerlich ist das am Augenspiel, an der Mimik und Körperhaltung dessen zu ersehen, der den Angriff einleiten wird. Am deutlichsten zeigt sich dieses vorbereitende Verhalten bei der Alphawölfin: Sie läßt den angepeilten Wolf in der Endphase nicht mehr aus den Augen. Den günstigsten Moment abwartend, handelt sie in Sekundenschnelle überraschend und entscheidend. Der Angegriffene zeigt Verwirrung, aber es ist bereits zu spät, der Rangwechsel vollzogen. Die neue Rangordnung (Knurrhans, Kleine, Strolch, Riese) bestand bis die Wölfin an einem epileptischen Anfall verstarb.

Im Zusammenleben von Alphawolf und -wölfin existieren Normen, wobei es von Rudel zu Rudel Abweichungen gibt. Obwohl die Alphawölfin die Seele des Wolfsrudels verkörpert, ihren Willen delegiert und die Stimmung aller beeinflußt, ist am Beutetier doch der Alphawolf immer der Erste. Auch auf der Jagd und bei allen anderen Aktionen führt er das Rudel, und sie unterwirft sich ihm. Doch innerhalb des sozialen Gefüges und der Rangstruktur ist die Alphawölfin dominierend und einflußreich. Will die Wölfin auf andere Wölfe körperlich einwirken, so leitet sie dies so geschickt ein, daß der Alphawolf ihre Absicht übernimmt und vollzieht. Hingegen habe ich selten beobachtet, daß der Alphawolf sich in die Auseinandersetzungen der Alphawölfin mit anderen Wölfinnen einmischt, und wenn, dann nur ganz kurz. Es liegt hier eine regelrechte Aufgabenverteilung zwischen den beiden Führungstieren vor.

## Ronja verteidigt den toten Chak

Hätte ich in einem Buch gelesen, daß eine Alphawölfin einen toten Alphawolf gegen alle anderen Wölfe des Rudels verteidigt und mehr als eine Woche neben dem toten Wolfskörper liegt und ihn bewacht, hätte ich es für ein Märchen gehalten. Denn meine jahrelangen Erfahrungen zeigten ein anderes Bild: Stirbt ein Wolf, setzt die Rangordnung aus, und der sterbende Wolf wird allein gelassen. Ist der Wolf gestorben, riechen die anderen kurz an seinem Körper und wenden sich dann ab. Wenn es sich um ein Alphatier handelt, erfolgt eine Neugliederung des Rudels durch den Rangkampf zweier Wölfe. Es kann auch ein Wolf so wesensstark sein, daß er ohne Kampf und Übergang das Rudel übernimmt. Zunächst aber ist eine stundenlang währende Orientierungslosigkeit im Rudel zu beobachten. Menschlich gesehen könnte man dies Trauer nennen. Bei den Wölfen deute ich es als einen Orientierungsprozeß, bei dem ein gegenseitiges Abtasten stattfindet. Die Wölfe wirken vollkommen verändert. Keine der für sie sonst so typischen spontanen und schnellen Handlungen sind zu erkennen. Doch schon sehr schnell bildet sich eine neue Führung, und der Existenzkampf des Beutemachens beginnt mit neuem Elan. Stirbt ein Wolf der unteren Rangordnung, so geht das Leben des Rudels ohne Aufschub direkt weiter.

Bei Ronja im Rudel der Timberwölfe geschah nun etwas sehr Ungewöhnliches. Am 14. Juni 1992 frühmorgens ging ich zusammen mit meiner damaligen Mitarbeiterin, der Diplombiologin Christiane Kricheldorf, die schon mehrmals Wölfe mit mir aufgezogen hatte, durch den Wolfspark. Erschreckt stellten wir fest, daß die Europäische Alphawölfin Anuschka und bei den Timberwölfen der Alphawolf Chak tot waren. Das gleiche war im April 1991 mit Chaks Vorgänger im Rudel, Tom passiert. Bei Tom hatte der Tierarzt abends zuvor eine Vergiftung festgestellt und ihn behandelt, allerdings ohne Erfolg. Es waren jeweils Alphatiere, die ja bekanntlich als erste ans Futter gehen. Möglichkeiten der Vergiftung gibt es einige. Solche Heimtücke findet sich wohl nur im menschlichen Bereich, die vielgeschmähte Bestie dagegen trägt ihre Kämpfe offen aus.

Die Europäische Wölfin Anuschka trug ich gleich aus dem Gehege. Die anderen berochen zuvor noch einmal den toten Körper und liefen mit mir zum Ausgang. Ich entschied mich, Chak am Nachmittag aus dem Gehege zu holen. Er lag inmitten des Reviers und Ronja in seiner Nähe. Mich begleitete wiederum Christiane. Sie blieb am Zaun stehen als ich das Gehege Richtung Chak betrat. Die Wölfe liefen um mich herum. Allein Ronja erhob sich lediglich und blieb auf der Stelle stehen. Ich sprach sie an. Im gleichen Moment, als ich mich dem toten Chak näherte, griff sie an. Mir blieb nichts anderes übrig, als ihr unters Kinn zu treten und den Angriff abzublocken. Im gleichen Moment drehte ich mich herum. Wie erwartet kamen Timber, Iff, Bill und Jonny auf mich zu. Ich erwischte Timber direkt unter dem Kinn. Er und die anderen drehten ab. Ronja blieb bei Chak. Die anderen liefen Richtung Ausgang, um mich erneut zu stellen. Diesmal erwischte ich Iff mit einem gezielten Tritt. Sonst führen wir miteinander ein sehr gefühlvoll-zärtliches Leben, aber in solchen Situationen zählen Schnelligkeit, Stärke und Durchsetzungskraft. Es war ein mit Spannung geladener Ablauf. Draußen angekommen sagte ich zu Christiane: „Wie du gesehen hast, ist das Rudel für mich verloren."

Wir beobachteten die Wölfe und stellten fest, daß Ronja auch keinen der anderen Wölfe in die Nähe des toten Chak ließ und diese regelrecht abbiß. Sofort betrat ich wieder das Gehege, ohne mich um den toten Chak zu kümmern. Ich gab den Wolfssammelruf von mir, und siehe da, alle Wölfe, voran Ronja, kamen zu mir und leckten meinen Fang. Nach wie vor war ich für sie der starke Oberwolf. Nicht zuletzt, weil ich ihnen gegenüber keine Schwäche gezeigt hatte. Wären meine schnellen Reaktionen nicht so direkt und treffend gewesen, hätten sie mich überhaupt nicht mehr ins Revier gelassen. Wölfe beobachten ständig und unterscheiden in Sekundenschnelle Stärken und Schwächen ihres Gegenübers. Natürlich habe ich mich dem toten Chak nicht mehr genähert und ihn erst, als Ronja nach zwölf Tagen kein Interesse mehr zeigte und er in Verwesung überging, aus dem Gehege herausgeholt. Als ich Tom im April aus dem Gehege trug, den damaligen toten Alphawolf, reagierte Ronja auf die übliche Wolfsart. Warum gerade bei Chak dieses ungewöhnliche Verhalten? Hatte zwischen diesen beiden Tieren eine besonders enge Verbindung bestanden? Anders kann es wohl gar nicht sein. Chak, vier Jahre jünger als Ronja, war das dominantere Tier. Die sie-

Ronja bewacht den toten Chack.

Auch in der Ruhephase sind die Wölfe wachsam.

benjährige Wölfin zeigte Chak gegenüber direkte Untertänigkeit, was andere Alphawölfinnen in meinen verschiedenen Rudeln überhaupt nicht oder nur bedingt tun.

Mehr als in anderen Rudeln üblich, war Ronja immer an Chaks Seite zu finden gewesen. Diese Anhänglichkeit hatte sie vorher weder gegenüber ihrem Bruder Timber, als dieser noch Alphawolf war, noch gegenüber dem späteren Alphawolf Tom gezeigt. Im Gegenteil: Diesen beiden Alphawölfen gegenüber zeigte sie nicht nur keine Untertänigkeit, sondern verhielt sich zu ihnen sogar als dominante Wölfin. Sichtlich hatte Ronja zu Chak eine innere Beziehung, die über den Tod hinausging. Deshalb ihr außergewöhnliches Verhalten gegenüber den anderen Wölfen und mir.
Solche Begebenheiten kommen in freier Natur nicht so ausgeprägt zum Tragen. Das Rudel muß weiterziehen, um Beute zu machen. Aber bestimmt gibt es immer wieder solche Einzelfälle wie Ronja, wenn die Totenwache dann auch kürzere Zeit dauert. Nur kann dies durch Menschen nicht beobachtet werden, da sie körperlich nicht in der Lage sind, ein Rudel zu begleiten. Um Wölfe als Individuen und im Zusammenleben mit anderen zu erforschen, muß man sie über längere Zeit beobachten, und dafür bedarf es einer Haltung von Wolfsrudeln in Freigehegen. Diese Aufgabe hatte ich mir am Anfang meiner Beschäftigung mit Wölfen nicht gestellt; erst das enge Leben mit und unter ihnen hat mich in sie hineinwachsen lassen.

## Außergewöhnliche wölfische Fürsorge

Das Verhalten von Ronja gab mir zu denken. Hatte ich doch bereits einige andere außer der Norm liegende Erlebnisse mit einzelnen Wölfen. So beobachtete ich, daß der Europäische Wolf Otto vor

Jungwölfen, die über ein Jahr alt waren, noch Fleisch ausbrach oder ihnen Fleischbrocken brachte. Dieses Ausbrechen von Fleisch zur Versorgung von Jungtieren endet normalerweise schon in den ersten Lebenswochen, wenn genügend Fleisch vorhanden ist. Fleisch am Stück oder kleinere Beutetiere werden noch etwa bis zum dritten oder vierten Monat herangebracht. Das dürfte in der freien Natur davon abhängig sein, wie weit sich die Beutetiere von den jeweiligen Lagern der Jungwölfe befinden und wie nah die Wölfe ihre Jungen an die gerissene Beute heranführen können. Mit sechs Wochen reißen die Welpen schon selbständig das Fleisch regelrecht vom Knochen.

Der Wolf „Riese" begann schon mit zwei Jahren, Fleisch auszubrechen, wenn jemand einen Welpen oder jungen Hund an der Leine am Gehege vorbeiführte. Oft meinten dann die Besucher: „Der Wolf ist krank. Er erbricht ja." Er war alles andere als krank, er wollte vielmehr die jungen Hunde versorgen. Das konnten die Hundehalter natürlich nicht wissen. Dieser Vorgang wiederholte sich während der Jahre oft, da Hundefreunde uns immer wieder besuchen. Rieses sämtliche Brüder taten dies nie, obwohl alle mit mir aufgewachsen waren und Riese das von seinen Eltern nicht gesehen oder erlebt haben konnte. Auch war er derjenige, der sich sofort mit der damals fünf Monate alten Europäischen Wölfin Kathrin, die ich zu den Altwölfen ins Gehege gegeben hatte, beschäftigte. Wenn ich Fleisch in das Gehege brachte, lockte er sie, indem er ein kleines Beutetier in den Fang nahm und vor ihr herlief. Riese unterschied sich also von allen anderen Wölfen durch seine fürsorgliche, bei Menschen würde man sagen „kinderliebe" Art und handelte gegen die sonst üblichen Normen der Wölfe.

Das zeigte sich noch deutlicher 1994. In diesem Jahr zogen meine Frau und ich mit unseren zwei Hunden und fünf Katzen in ein Holzhaus direkt am Wolfspark, denn es waren neue Gehege eingerichtet worden und es fanden Neubesiedlungen der einzelnen Reviere sowie Umsiedlungen einzelner Wolfsrudel statt. Für Riese und Kathrin war schon im Frühjahr 1993 ein neues Gehege erstellt worden, und so zogen sie ebenfalls um, nämlich in unmittelbare Nähe der Europäischen Wölfe. Als ich die jungen, 1993 aufgezogenen Europäischen Wölfe in dem großen Gehege laufen ließ, lief Riese sofort an den angrenzenden Zaun und brach Fleisch vor ihnen aus. Das tat er täglich, und als die Jungwölfe älter wurden, brachte er Fleischbrocken dorthin. Die mit Riese lebende Kathrin versuchte die Jungwölfe anfangs zu locken, wurde dann aber bei deren Älterwerden aggressiver. Fleisch hatte sie weder vorgebrochen noch dorthin gebracht. Die in einem anderen Nachbargehege untergebrachten Wölfe Igor und Micha verhielten sich den Jungwölfen gegenüber von Anfang an aggressiv. Mag sein auch deshalb, weil sich jetzt die Jungwölfe in einem Revier bewegten, in dem sie selbst zwölf Jahre lang gelebt hatten.

Obwohl ich für die beiden, menschlich gesehen, ein geräumiges Gehege mit Badebecken als Altersrevier bauen ließ, waren sie doch aus ihrer vertrauten Umgebung gerissen, wo sie jeden Strauch und Baum kannten. Richtig eingewöhnt haben sie sich bis zu ihrem Tode in dem neuen Gehege nie und hatten immer wieder den Drang zurück, obwohl ich es an Fürsorge nicht fehlen ließ. Auch mir gegenüber, so schien es, verhielten sie sich skeptisch. So sahen sie doch täglich, daß ich in ihrem früheren Revier mit den Jungwölfen zusammen war. Obwohl ich ebenso oft auch bei ihnen war, hatte ich doch eine innere Trennung geschaffen. Hier hatte ich nach menschlichem Ermessen und in bester Absicht gehandelt, dabei jedoch die Gefühle der Altwölfe verletzt. Menschliches Denken korrespondierte hier nicht mit dem Revierbindungsdrang der Wölfe. Entstanden war die Situation durch die in freier Natur nie anzutreffende „Altersversorgung“ der Wölfe. Hier gelten andere Regeln. Wer nicht mehr den täglichen Anforderungen gewachsen ist, bleibt auf der Strecke.

In meinem Leben mit Wölfen kam es zu Situationen, die zum Teil in freier Natur nicht zustande kommen, aber einen desto stärkeren Eindruck vermitteln, in welch weitgefächerter Welt diese Tiere leben. Ihre Gefühle werden von hervorragenden Sinnesorganen bestimmt, und diese sind zum Teil denen der Menschen überlegen. Menschliche Intelligenz allein kann diese Tiere nicht ergründen. Auch mir bleibt nur ein Einblick vorbehalten. Obwohl ich immer mehr von den Wölfen über sie lernen kann, werde ich doch auch immer einsamer. Es fehlt der Austausch mit einem oder mehreren Menschen, die ähnlich intensiv in der Wolfswelt leben. Wissenschaftliche Schemata und Verhaltensbeobachtungen liegen genügend vor, aber die geben keine Auskunft darüber, wer der Wolf als Individuum ist. In der Hundeforschung ist man auf diesem Gebiet wesentlich weiter vorgedrungen. Auch haben die Hunde manch menschlichen Zug angenommen, denn der Mensch hat sie domestiziert. Wölfe dagegen bleiben nach wie vor unbekannte Wesen. Bei Hunden findet man wohl eine gewisse Kindheit des Wolfes wieder. Doch menschliche Befehle wie „Sitz“, „Platz“ oder „Faß“ nehmen Wölfe nicht an. Die Kindheits-, Jugend- und Erwachsenengefühle der Wölfe sind eng auf den Existenzkampf und das Leben im Rudel abgestimmt. Indem ich diese Alterstufen mitging und darauf reagierte, konnte ich mich der faszinierenden Wolfswelt nähern. Aber erst die Beobachtung der Abweichungen von den sich wiederholenden Schemata kann Auskunft darüber geben, wer der Wolf als Individuum ist. Sollten Menschenkinder bei Wölfen aufgewachsen sein, kann es sich hier im wölfischen wie im menschlichen Bereich nur um Ausnahmeindividuen handeln. Es gibt sie eben, Wölfe wie Ronja, Otto und Riese. Sie handeln abweichend von dem vorgegebenen Lebensschema. Interessant ist darüber hinaus, daß eine Fleischbringerrolle über die normale Versorgungszeit hinaus, die den Jüngeren, somit auch den Schwächeren zugute kommt, bisher nur bei den beiden männlichen Wölfen zu beobachten war, obwohl dies doch eher von einem weiblichen Individuum zu erwarten wäre. Nur wenn der Alphawolf in freier Natur ähnlich meinem Europäischen Wolf Riese handelt, ist die Versorgung eines Menschenkindes möglich. Dies stellt dann aber eine eklatante Abweichung von den eigentlichen Wolfsregeln dar. Vielleicht folgen die anderen Wölfe des Rudels dem Alphawolf, denn von ihm geht alle Handlung aus.

Sind Gefühle wissenschaftlich zu deuten? Sie sind real. Und nur wer diese Gefühle hat und ihnen gezielt freien Lauf läßt, wird zum Grenzgänger. Viele Beispiele belegen dies eindrücklich: Diane Fossey mit ihren Berggorillas in Ruanda, Dr. Heinz Meynhardt mit seinen Wildschweinen in der ehemaligen DDR und Karl Kock, der seit über vierzig Jahre mit Elefanten im Tierpark Hagenbeck zusammenlebt. Letzterer sagte mir: „Werner, wenn du mit Elefanten zusammen lebst, mußt du wie ein Elefant denken, das ist doch bei deinem Leben mit Wölfen nicht anders.” Auch Dr. Heinz Meynhardt, der einen Film über meine Wölfe gedreht hat und mit dem ich mich oft unterhalten habe, war der gleichen Ansicht. Und nicht zuletzt Prof. Konrad Lorenz, dessen Wildgans Martina legendären Ruhm erworben hat. Nur Verhaltensforscher dieser Art können einen Einblick in das Leben der Tiere gewinnen.

Durch das lange Leben unter Wölfen, kann ich inzwischen Abläufe im Sozialverhalten erkennen, die mir noch vor zehn Jahren völlig fremd waren.

So läuft das tägliche Leben in einem Rudel zwar nach einem gewissen Schema ab, dennoch sind die Wölfe in ihrem Verhalten täglich anders. Unter anderem werden sie, wie auch wir Menschen, durch die Wetterlage beeinflußt. In der Sensibilität, im schnellem Umschalten sowie ihrer Reaktionsschnelle, oft in Bruchteilen von Sekunden, sind sie dem Menschen überlegen. Sie orientieren sich nicht nur sehr schnell, sie können sich auch gefühlsmäßig sofort umpolen. Ein stetiges und vorgeprägtes Gefühlsleben wie beim Menschen kommt phasenweise auch bei ihnen zum Tragen, das Spontane hat aber in ihrem Leben eindeutig Vorrang.

Für mich gilt es, mich mit den Alphawölfen in einem erwachsenen Wolfsrudel zu arrangieren. Einerseits muß ich auf ihre Gefühle eingehen, andererseits ihnen gegenüber eine gewisse Arroganz und Überlegenheit an den Tag legen. Das bedeutet zum Beispiel, daß ich nicht zu ihnen gehe, sondern sie zu mir zu kommen haben. Je nach der einzelnen Wölfigkeit (Persönlichkeit) kann ich mich bei bestimmten Tieren auch auf dem Boden liegend auf ein Spiel einlassen. Andere Wölfe dagegen würden dies als Schwäche meinerseits interpretieren. Ist der eine Alphawolf abgelöst, beginnt für mich ein neues Rollenspiel, bei dem ich mich auf den neuen Alphawolf einstellen muß. Dies findet auch bei der Ablösung der Alphawölfin statt. Doch sind diese in der Regel mir

Wenn Iff und Ronja bei mir sind, traut sich meistens kein anderer Wolf zu mir.

Während und nach der Katastrophe hielten die Wölfe und ich zusammen. Hier im Nahgehege: der Europäische Wolf Micha.

gegenüber zärtlicher als ihre männlichen Kumpane. Die anderen Wölfe und Wölfinnen im Rudel müssen darauf warten, ob sie von den oberen Tieren an mich herangelassen werden. Das hängt wiederum von der Verschiedenheit der oberen Wolfstiere ab. Oft ist es im Rudel so, daß sie zeitweilig überhaupt nicht zu mir dürfen. Eine Einwirkung von meiner Seite findet nicht statt. Ich muß wölfisch leben, und das heißt, daß der Starke nie zu dem Schwächeren geht. Menschliche oder soziale Gefühle dürfen hier keine Rolle spielen. Oftmals ist es sehr hart, schließlich war ich für alle „die Mutter“. Aber spätestens bei geschlechtsreifen Wölfen muß ich mich diszipliniert an die Wolfsgesetze halten.

## Das Positive an Katastrophen

Für den 3. März 1990 waren Orkanböen aus dem Westen über Frankreich mit Richtung Südwesten in der Stärke von 160 km/h Geschwindigkeit für Deutschland vorhergesagt. Also war auch das Saarland betroffen. Gegen sechs Uhr abends erreichte die Spitze der Böen den Kreis Merzig/Wadern. Nichts Gutes ahnend fuhr ich zu dieser Zeit in den Kammerforst zu den Wolfsgehegen. Kurz vor den Gehegen war der Weg durch umgefallene Fichten versperrt. Ich parkte am Waldrand, um zu Fuß von der anderen Seite zu den Wolfsgehegen zu gelangen. Bereits von weitem war zu sehen, daß Fichten auf den Zaun der Europäischen Wölfe gefallen waren. Als ich weiter in den Wald vordrang, erfolgte ein neuer Windstoß. Um mich herum knickten die Bäume wie Streichhölzer um, was ein schnelles Fortkommen auch für mich bald unmöglich machte. Immer neue Windböen kamen auf, der Wald glich bald einem Kampffeld und es wurde nun auch für mich lebensgefährlich. Ich mußte laufend springen und die Richtung ändern, um das Ziel, die Gehege der Polar- und Timberwölfe, zu erreichen. Was wollte ich eigentlich dort in diesem Moment und in dieser Lage? Die Naturgewalt ließ ein Entscheiden und Helfen doch nicht zu. Eigentlich war es sinnlos, während des tobenden Orkans sehenden Auges in die Gefahr hineinzugehen.

Ich handelte im Affekt und war mit meinen Gedanken nur noch bei meinen Wölfen. Der Rudeldrang, das Zusammengehörigkeitsgefühl kamen zum Tragen. Meinem eigenen Überlebensinstinkt gegenüber war ich rücksichtslos – die Liebe zu meinen Wölfen war stärker. Wie sehr hatten mich doch die Wölfe in ihren Bann gezogen. Das zeigte sich bei diesem Orkan. Immer mehr erkannte ich, welch enge Beziehung sich zwischen den Wölfen und mir durch die Integration in das Rudelleben hergestellt hatte. Wir waren eins geworden und gehörten auch und gerade in höchster Gefahr zusammen. Es war eine mit den Jahren gewachsene und zur Vollendung gelangte Freundschaft, die mir bewußt wurde.

Zurück zu jener Katastrophennacht von 1990. Die Hindernisse zu den Gehegen der Polar- und Timberwölfe waren schwer zu überwinden. Dort angekommen, stellte ich fest, daß zwar um die Gehege herum viele starke Fichten gefallen waren, der Zaun aber nicht beschädigt war. Dies war eine große Beruhigung für mich. Ich war entschlossen, mich quer durch den Wald zu schlagen. Gehen konnte man nur meterweise, da fortwährend gefallene Baumriesen überwunden werden mußten. Mein Ziel war das Schützenhaus, um von dort telefonisch Hilfe zu holen. Als ich das fünfhundert Meter entfernte Haus nach einer Weile erreichte, war es dort dunkel. Im Gastzimmer stand eine Kerze auf dem Tisch. Der Strom war ausgefallen. Also konnte ich auch nicht telefonieren. Kurz nachdem ich dort angekommen war, riß eine erneute Sturmböe die Fichten um das Schützenhaus mitsamt ihrer Wurzeln um. Inzwischen war es ungefähr acht Uhr abends geworden. Es gab keine Möglichkeit mehr, etwas zu entscheiden oder in die Wege zu leiten. Die Frau des Besitzers kochte uns einen Kaffee. Da eine Fichte direkt neben dem Haus eingeschlagen hatte, waren wir natürlich in Angst, die nächste könnte auf das Haus fallen und uns alle erschlagen. Wir waren einfach machtlos.

Nach etwa einer halben Stunde wurde die Tür aufgerissen und Klaus Mautes und Paul Hartfuß stürzten mit den Worten ins Zimmer: „Werner, da sind gerade zwei weiße Wölfe den Weg entlanggelaufen". Die beiden hatten noch nicht ganz ausgeredet, da war ich schon draußen. Das einfachste wäre gewesen, zu heulen. Diesem Ruf wären die Wölfe gefolgt. Aber das konnte ich keinesfalls tun, da ich nicht wußte, ob auch die Europäischen und die Timberwölfe im Wald herumliefen. Für alle bin ich das oberste Wolfstier und alle Wölfe wären zur gleichen Zeit bei mir erschienen. Nicht auszudenken, wenn sich die Rudel begegnet wären. Im Wolfspark hätte es eine regelrechte, durch mich ausgelöste, Wolfspanik gegeben. So habe ich die feinen, hohen Töne des Wolfssammelrufes von mir gegeben. Und etwa hundert Meter vom Schützenhaus entfernt, während des erneuten Umkrachens von Bäumen, kamen die Wölfe Peter und Arktis zu mir und leckten mir meinen Fang zur Begrüßung. Der Hörumfang der Wölfe reicht von der Wahrnehmung hoher Fledermausgeräusche bis zu tiefen Erdbebenerschütterungen. Die Wölfe konnten mich also trotz der starken Orkanwindgeräusche auf weite Entfernung vernehmen, ich sie hingegen nur in direkter Nähe. Die beiden Wölfe blieben bei mir und sprangen ausgelassen um mich herum. Die umgefallenen Bäume und das Chaos um uns störten sie überhaupt nicht.

Mein Weg führte mich unter großen Schwierigkeiten durch das Baumgewirr zurück zum Gehege der Polarwölfe. Ich wollte sehen, wo die anderen Wölfe des Rudels waren und was dort passiert war. Zu meinem Erstaunen lagen alle anderen Wölfe auf ihrer Anhöhe, und das ganze Chaos interessierte sie überhaupt nicht. Ihre Heimat ist die Ellesmeer-Insel auf der Höhe von Grönland und liegt damit im Gebiet der eisigen Stürme. Auch wenn sie hier in Deutschland zur Welt kamen, ist ihnen doch ein gelassenes Verhalten bei Sturm angeboren. Peter und Arktis kletterten mit mir über einen umgefallenen Baumstamm zurück ins Gehege und wir gesellten uns zu den anderen Wölfen. Im Nebengehege der Timberwölfe war zu diesem Zeitpunkt noch kein Baum durchgeschlagen, jedoch war der Zaun an einigen Stellen stark beschädigt, wie ich mittels einer weitreichenden Stablampe von der Anhöhe aus erkannte. Da ich diese Baumriesen allein nicht wegräumen konnte, blieb ich eine Weile bei den Polarwölfen, die weiterhin auf der Anhöhe lagen und das ganze Geschehen mit Ruhe beobachteten, ja sogar schliefen. Trotz meiner großen Anspannung, übertrug sich diese ausgesprochene Ruhe der Wölfe schließlich auch auf mich.

Nach einer gewissen Zeit lockte Arktis Peter erneut zu dem Loch im Zaun und beide verschwanden im Wald. Die anderen Wölfe blieben liegen. Wie und warum kamen derart verschiedene Handlungen in einem Rudel zustande? Und warum folgten die anderen Wölfe nicht den Alphatieren? Zum einen hielten sich die Polarwölfe an die von der Natur vorgegebenen Verhaltensweisen bei derartigen Naturgewalten wie dem Sturm, zum anderen war es Ranzzeit. Arktis nützte die Situation, um sich mit Peter von den anderen Wölfen zu entfernen. Das Wolfsweib lockte, der Wolf folgte ihr nach.

Bei den Wölfen zu bleiben wäre in dieser Situation das Falscheste gewesen, was ich hätte tun können, da ich Entscheidungen und Vorsorge für all meine Wolfsrudel zu treffen hatte. Bald verließ auch ich das Gehege, um zum Schützenhaus zu kriechen oder zu klettern. Dort angekommen, sah ich Blaulicht an der Straßenbrücke in ca. vierhundert Metern Entfernung. Schon rief mir eine Person zu: „Die Wölfe sind an der Brücke!" So schnell ich konnte, rannte ich dorthin. Es waren dort zwei Polizeiwagen positioniert. Einer der Polizisten sagte mir, die Wölfe seien gerade den Weg hinunter gelaufen. Nach einem kurzen Gespräch mit den Polizisten rannte ich weiter. Sie informierten mich, daß zwei weiße Wölfe gesichtet wurden. Es waren also Arktis und Peter. Ein Glück, daß sie mir sonst keine weiteren Wölfe meldeten. Nach zweihundert Metern sendete ich wieder den Sammelruf, Arktis und Peter kamen und folgten mir wieder in Richtung Gehege. Dabei versuchte Arktis immer wieder, Peter aus meiner Nähe wegzulocken. Peter war hin und her gerissen: Sollte er mit Arktis wieder losziehen oder hatte er, der Alphawolf, bei dem wesensstarken zweibeinigen Oberwolf zu bleiben.

Auf halbem Wege, wir waren gerade in einem Hohlweg, rauschte es ganz stark als ich unter den vorher schon umgefallenen, über dem Hohlweg liegenden Fichtenstämmen hindurchkroch. Es war der Höhepunkt des Orkans, an Heftigkeit und Auswirkung nicht mehr zu überbieten. Ein ganzer Fichtenbestand brach über uns zusammen. Instinktiv legte ich mich sofort unter einen umgefallenen, dicken Fichtenstamm, und obwohl die beiden Wölfe vorher freudig und unbefangen die Hindernisse überwanden, hielten sie in diesem Moment inne und kauerten sich an meinen Körper. Wölfe haben, wie wir Menschen, Gefühle. Sie erkennen die direkte Gefahr und haben Angst. Angst ist ein Urinstinkt, der das Leben schützt. In meinem langen Leben mit und zwischen den Wölfen, habe ich festgestellt, daß ihr Gefühlsleben mit dem der Menschen vergleichbar ist. Ja, es ist in vielen Lebensphasen sogar noch ausgeprägter.

Nach diesem starken Sturm, der Minuten andauerte, bewegte ich mich in der jetzt schon gewohnten Form weiter in Richtung des Geheges der Polarwölfe. Die beiden Wölfe verhielten sich sofort wieder, als wäre nichts geschehen – eine Andersartigkeit der Wölfe gegenüber den Handlungen von Menschen: Sie leben, fühlen und handeln momentgesteuert und situativ. Sie sind weder Strategen noch Diplomaten, aber sie sind zu jedem Zeitpunkt konsequent.

Endlich wieder am Gehege der Polarwölfe angekommen, sah ich, daß in der Zwischenzeit durch umgefallene Bäume auch der Zaun am Gehege der Timberwölfe an verschiedenen Stellen stark beschädigt war. Aber nur an einer Stelle hatte eine schwere Kiefer ihn durchschlagen. An dieser Stelle folgten mir Peter und Arktis wieder in das Gehege. Von der Anhöhe aus gab ich jetzt Lichtsignale mit der Stablampe, die kurze Zeit darauf erwidert wurden. Das konnte nur meine Frau sein. Sie befand sich am Eingang des Wolfsparkes. Der Wald war so sehr gelichtet, daß die Lichtsignale zu sehen waren. Langsam, Meter für Meter, arbeitete sich Erika an die Wölfe und mich heran. Nach einiger Zeit gelangte sie an das Gehege. Ich zeigte ihr die Stelle, wo der Zaun durchgeschlagen war, und sie kroch durch. Um eine Panik unter den Menschen zu verhindern, mußten die Gehege so schnell wie möglich wieder dicht gemacht werden. Erika blieb bei den Wölfen im Gehege, während ich Unterstützung holte, um den Zaun an der Durchschlagstelle notdürftig zu flicken. Alle Wölfe waren noch im Gehege. Alle, außer Arktis, die frei um das Gehege herumlief und versuchte, Peter zu locken.

Ich gelangte mit Wolfgang und Klaus an die Stelle, wo die schwere Kiefer eine große Öffnung in den

Gemeinsames Heulen stärkt das Zusammengehörigkeitsgefühl.

Zaun geschlagen hatte. Von Arktis war nichts zu sehen. Doch plötzlich habe ich sie im Lichtschein der Stablampe und sehe im gleichen Moment, wie sie an Wolfgang hochspringt, um ihn zu begrüßen. Sie war ganz stürmisch ihm gegenüber. Ich rufe Wolfgang zu, ins Gehege zu klettern. Die Wölfin folgte ihm. Klaus bat ich, als beide im Gehege waren, die Motorsäge anzuwerfen, da deren Geräusch die Wölfe daran hindere, das Gehege wieder zu verlassen. Nach der Begrüßung von Wolfgang begab sich die Wölfin zum Rudel und zu Erika, und wir begannen, den Zaun zu reparieren. Es war Schwerstarbeit, mußte aber sein, damit Arktis das Gehege nicht mehr verlassen konnte. Warum war Arktis an Wolfgang zur Begrüßung hochgesprungen? Zugegeben, beide kannten sich, denn Wolfgang hatte Arktis als Welpen mit aufgezogen und war auch mit ihr zusammen, als sie noch Jungwölfin war. Obwohl Jahre vergangen waren, in denen Wolfgang keinen Kontakt mehr mit ihr hatte, erkannte sie ihn sofort. Wiederum ein Beweis für das in mehreren Fällen von mir beobachtete Langzeitgedächtnis der Wölfe.

So direkt wie die Wölfe reagieren Hunde, die Nachkommen der Wölfe, nicht mehr oder nur in einzelnen Fällen. Aber in ihrer Zuneigung und Ablehnung einzelnen Personen gegenüber sind sie sich ähnlich. Wer einen gewissen Hundeverstand hat und sich mit einem Wurf Welpen beschäftigt und ihn beobachtet, wird bald herausfinden, welcher Welpe die meiste Zuneigung zu ihm hat. Bei Hunden stellt sich dabei auch ein Gewöhnungsprozeß ein. Bei der Aufzucht von Wölfen durch Menschen gibt es solch ein Aneinandergewöhnen nicht. Lehnen sie bereits als Welpen einen Menschen ab, kommt nie ein Sozialkontakt zustande. Analog dazu habe ich innerhalb des Wolfsrudels festgestellt, daß sich einzelne Wölfe mögen, andere sich aus dem Weg gehen, unabhängig von der Rangordnung.

Am frühen Morgen, als es hell wurde, war das ganze Ausmaß der Verwüstung zu sehen: Die Feuerwehr, der Baubetriebshof der Stadt, das technische Hilfswerk und Forstarbeiter kamen zum Einsatz. Tage dauerte es, bis die Wege frei waren. Bei jedem kleinen Windzug fielen immer wieder einzelne Bäume um und manchmal auf die Gehege.

Oft werde ich gefragt, wo ich Biologie studiert habe. Ich antworte stets: an der Universität Kammerforst. Das ist der Wolfspark. Meine Professoren sind die rangoberen Tiere, die sich aufgrund ihrer Wesensstärke, Schlauheit und anderer besonderer Wolfsfähigkeiten durchgesetzt haben. Obwohl die Wölfe alle der Spezies Canis Lupus angehören, unterscheiden sich die einzelnen Wolfsarten in ihrem Verhalten. So lebe ich nicht nur ein Wolfsleben, sondern quasi mehrere verschiedene, der jeweiligen Wolfsart angepaßte. Und da alle Wölfe bei mir auf die gleiche Art aufwachsen, kann ich die verschiedenen Wolfsarten bereits im frühen Stadium studieren.

Man benötigt eine Menge Zeit, um das Leben einer Tierart zu beobachten, zu deuten und kennenzulernen. Der bekannte russische Wolfsforscher Prof. Dr. Bibikow beschreibt in seinem 1988 ins Deutsche übersetzten Buch „Der Wolf" Verhalten und soziale Organisation dieser Tiere und stellt fest, daß es sich hier um Lebewesen mit einem hochentwickelten Verhaltensrepertoire und einem zuverlässigen Kommunikationsvermögen handelt. Das Leben im Rudel erfordert präzis wirkende Zeichen zur Regelung der Beziehungen zwischen den Individuen. Für die Jagd auf große Beutetiere ist ein koordiniertes Handeln der Tiere in sich ändernden Situationen notwendig. In der Familie der Caniden hat der Wolf das am besten entwickelte Gehirn und weist die komplizierteste soziale Organisation (Fox 1971 u. a.) sowie ein gut ausgebildetes Jagdverhalten auf.

Die Fleischversorgung obliegt dem Oberwolf.

## Jagd afrikanischer Wildhunde in Kamerun

Ich habe dem Zufall eine Beobachtung zu verdanken, die dieses hohe Niveau bestätigt. Auf einer meiner Expeditionen saß ich mit zwei Freunden am Rande eines ausgetrockneten Flußbettes in Nordkamerun und beobachtete mit dem Fernglas ein grasendes Nashorn auf der gegenüberliegenden Seite. Plötzlich waren dicht neben uns Hetzgeräusche zu hören. Im nächsten Moment sprang ein Wasserbock (Hirschantilope) an einer niederen Stelle der Flußböschung in das ausgetrocknete Flußbett, dicht verfolgt von neun afrikanischen Wildhunden. Es schien sich um einen gesunden Wasserbock zu handeln, denn obwohl ihm die Wildhunde dicht auf den Fersen waren, sprang er an einer niederen Stelle der Böschung in einer Entfernung von etwa hundertfünfzig bis zweihundert Metern in gleicher Richtung wieder in die Savanne zurück. Dies wiederholte sich viermal, doch dann fand der Wasserbock sein Ende. Denn plötzlich hetzten nur noch fünf Wildhunde an uns vorbei, die anderen fingen den Wasserbock am Rande des Flußbettes ab, als er wieder an der gleichen Stelle in die Savanne springen wollte. Ausweichversuche waren für ihn aussichtslos, da im gleichen Moment, als die vier lauernden und plötzlich von vorne angreifenden Wildhunde auf der Bildfläche erschienen, die verfolgenden Wildhunde dem Wasserbock die Sehnen der Hinterläufe durchbissen und ihn von der Seite angriffen. Der Wasserbock brach zusammen und schon rissen die Wildhunde Fleischbrocken aus dem Körper des Beutetieres.

Die ganze Hetzjagd dauerte etwa zehn bis fünfzehn Minuten. Nach dem Verhalten der Wildhunde an dem gerissenen Beutetier zu schließen, waren diese sehr hungrig, so daß die Jagd trotz der Mittagshitze stattfand. Im Buschgelände der Savanne hätte der Wasserbock die Chance zum Entkommen gehabt. Deshalb, so nehme ich an, hetzte das Wildhunderudel das Beutetier immer wieder in das ausgetrocknete Flußbett eines größeren Flusses. Das Gelände war dem Wasserbock bekannt, auch die für ihn damit verbundenen Gefahren. So sprang er immer an der gleichen niederen Stelle ins Flußbett und an der anderen wieder heraus. Der Fluß hatte ansonsten eine steile Böschung, und das war gefahrvoll, weil Savannentiere nicht über die gleiche Sprungkraft wie Steinböcke in den Bergen verfügen. Da der Wasserbock schneller war als die Wildhunde, wandten diese in wenigen Minuten – ja in Sekundenschnelle – eine andere Jagdtaktik an.

Das Erstaunliche ist die Umstellung der Taktik innerhalb des Rudels während der Jagd. Ohne diese Taktik wäre eine erfolgreiche Jagd fraglich gewesen, da dem frisch wirkenden Wasserbock die Wildhunde hechelnd hinterhersprangen, ohne daß sie den Abstand verringern konnten. So wie die Wildhunde eine Beutetaktik anwenden, die gerade während dieser Jahreszeit und in diesem Gelände erfolgreich war, werden sie in der Regenzeit und in anderen Situationen mit Bestimmtheit ihre Beutetaktiken umstellen. Jedenfalls kommt hier eine instinktgesteuerte Handlungsweise zum Tragen. Hierarchisches Ordnungsprinzip und darauf beruhende Jagddisziplin durch exakte Leitung des Führungstieres führen zum Erfolg. Durch jahrelange Beobachtung konnte ich bei Wölfen feststellen, daß sich diese späteren Führungstiere schon im Welpen- und Jungwolfalter herauskristallisierten.

## Ausbildung von Jagdtaktiken

Die Ausbildung der Jagdtaktik beginnt schon bei den Jungwölfen, bei Europäischen Wölfen zum Beispiel bereits im Alter von zehn bis zwölf Wochen. Obwohl in diesem Alter Wölfe noch sehr verspielt sind, beobachteten alle sehr genau, wenn einer von ihnen mit den Pfoten ein Mauseloch aufgrub. Wurden die Bewegungen hastiger, was ein

Grauer Timberwolf Johnny.

Zeichen der Annäherung an die Beute ist, reagierten die anderen sofort. Vom Spiel wurde umgestellt auf Beutetrieb. In einem der Jahre gab es viele Mäuse, und so wurden die Wölfe mit zunehmendem Alter regelrechte Mäusejäger. Die einen gruben die Mäuselöcher auf, die anderen beobachteten die weiteren umliegenden Aus- und Eingänge. Es entwickelte sich eine regelrechte Teamarbeit. War einer ermüdet, grub der andere weiter und der Abgelöste beobachtete oder schnaufte in die direkt am Bau liegenden Mäuselöcher hinein, um die Mäuse zu beunruhigen. Sie hatten bald herausgefunden, daß die Mäuse dann schneller aus dem Bau an die Oberfläche kommen. Oft begannen die Wölfe gleichzeitig an einem Loch zu graben. Bald erkannte ich den Grund. In solch einem Mäusebau befanden sich mehrere Mäuse, nicht selten mit Jungen. Ein regelrechtes Jagdfieber brach aus, wenn die Wölfe beim Graben kurz vor der Beute waren oder die Mäuse versuchten, den Bau zu verlassen.

Jungwölfe, welche sich schon als Welpen durchsetzten und sich dominant gegenüber anderen zeigten, taten sich auch bei den ersten Jagderlebnissen hervor. Ein Spiel mit gefangenen Mäusen, wie es bei Katzen üblich ist, gab es nicht. Jeder, der eine Maus im Fang hatte, fraß sie sofort auf, schon deshalb, weil andere versuchten, ihm die Maus zu entreißen. Drei Beutetaktiken waren zu erkennen: 1. Einer gräbt, wird bei Ermüdung abgelöst, die anderen lauern. 2. Ein oder zwei Wölfe graben an verschiedenen Baueingängen, die anderen beunruhigen die Beutetiere durch geräuschvolles Schnaufen in die Löcher. 3. Bei einem stark befahrenen Mäusebau wurden die Wölfe unruhig, voller Spannung nahm sich jeder ein Mäuseloch vor. Selbständiges Lernen, schnelles Reagieren, das Anpassen an sich stellende Beutemöglichkeiten und das damit verbundene Praktizieren verschiedener Taktiken zeichnen Wölfe schon als Jungtiere aus. Viele flüchtende Mäuse wurden im vollen Lauf mit dem Fang geschnappt, einige konnten aber auch entkommen. Mäuse, die durch das Gras liefen und sich zu verstecken versuchten, wurden auf eine dem Fuchs ähnliche Art gejagt.

Viele Grundzüge im Jagdverhalten verweisen auf angeborene Wolfseigenschaften. Sie müssen nur zum Teil erlernt werden. Dies geschieht in der Regel, wenn die Welpen unter sich sind und die Gelegenheit dazu haben. Die einzelnen Welpen beobachten listigere und schlauere Tiere des Rudels bei der Jagd und ahmen diese nach. Wichtig ist allerdings, daß in diesem Alter Beutetiere vorhanden sind, die der Größe der Welpen entsprechend gejagt werden können. Bereits unter Jungwölfen finden keine Beutespiele, sondern regelrechte Beutejagden statt. So haben die Polarjungwölfe im Alter von vier Monaten eine ganze Rattenkolonie an einem aufgeschütteten Hang ausgehoben. Die Ratten hatten sich dort festgesetzt, da es Essensreste in der Nähe gab. Die Jungwölfe hatten dies bald bemerkt. Zuerst wurde eine Ratte von einem der Wölfe überrascht. Sie versuchte sich gegenüber diesem einen zu verteidigen, hatte aber keine Chance, denn ein zweiter kam im gleichen Moment von hinten angesprungen und schnappte die Ratte mit seinem Fang. In dieser Art, wie ein Wolf das Beutetier ablenkte und ein anderer es dann schnell tötete, war wiederum eine taktische Zusammenarbeit zu erkennen. Dann gingen alle vier Wölfe daran, die sieben vorhandenen Löcher aufzugraben. Ein paralleler Vorgang zur Mäusejagd der Europäischen Jungwölfe. Es gab nur einen Zwischenfall: In die Enge getriebene Ratten können ja sehr wehrhaft werden und haben schon oft Menschen gebissen. Hier biß eine Ratte einem Jungwolf in den Fang. Dieser war sichtlich überrascht, jammerte kurz, aber schon war ein anderer Wolf herangesprungen und hatte die Ratte im Fang.

Heulen – für manche Menschen ein Grusel, für Wölfe Verständigung.

## Jagdverhalten bei Timberwölfen

Meine jetzt dreizehnjährigen Timberwölfe Timber und Ronja, die mit mir abends, nachts oder früh morgens immer über den nahe gelegenen Übungsplatz der Bundeswehr streiften, brachte ich im Alter von fünf Wochen ins Aufzuchtgehege. Nachts schlief ich bei ihnen in der Kiste. Es war damals schon zu erkennen, daß Ronja das dominantere Tier war. Zu anderen Menschen, außer meiner Frau Erika, hatten die beiden keinen Kontakt. Ich ging auch erst bei Dämmerung oder in der Dunkelheit mit ihnen ins Gelände. Sooft es sich zeitlich einrichten ließ, begleitete uns Erika. Sie hatte aber nur zu Timber Kontakt, Ronja wich ihr aus. Daß einzelne Wölfe Aufzuchtpersonen ablehnen, habe ich während meines Wolfslebens schon mehrmals erlebt. Sobald ich das erkannt hatte, blieb mir nur noch die Möglichkeit, die betreffende Person von den Wölfen fernzuhalten. So machte ich mir wölfische Wesensarten zu eigen und paßte mein Verhalten den beiden schwarzen Wölfen an. Wenn sie Gefahr witterten, wich ich mit ihnen aus. Sie sollten sich ganz nach ihren wölfischen Anlagen entwickeln, und das bedeutete primär: Spuren aufnehmen, Jagen und Beutemachen. Jede freie Minute verbrachte ich mit ihnen im Gelände, ohne daß sie angeleint waren. Bei unnatürlichen äußeren Einflüssen flüchteten sie sofort ins nächste Buschgelände. Mir blieb nichts anderes übrig, als ihnen zu folgen. Außer dem Auffinden der von mir täglich ausgelegten Fleischrationen oder toter Beutetiere konnte es auch dazu kommen, daß sie selbst ein lebendes kleineres Tier jagten. Verfolgten die Jungwölfe eine frische Wildspur, fanden sie nach gewisser Zeit immer wieder zu mir zurück. Einmal hörte ich, wie sie sich im Buschwerk anknurrten. Ich ging den Lauten nach. Unmittelbar in ihrer Nähe knipste ich die Taschenlampe an und war überrascht, daß die Wölfe eine junge verwilderte Katze erbeutet, auseinandergerissen und schon zum Teil aufgefressen hatten. Mit der Zeit konnte ich feststellen, daß ihr Naturtrieb zum Beutemachen immer mehr zum Durchbruch kam und sie nicht mehr ins Aufzuchtgehege zurück wollten.

In freier Wildbahn sind Jungwölfe im Alter von vier Monaten ebenfalls nicht mehr an einen festen Platz gebunden. Der von mir eingeleitete Wolfssammelruf oder mein Heulen veranlaßte sie jedoch, mit wedelnder Rute, immer wieder zu mir zurückzukommen. Dies war ein Zeichen unserer Zusammengehörigkeit. So gelang es mir immer wieder, mit ihnen zu unserer Schlafkiste im Aufzuchtgehege zurückzukehren. In dieser Zeit hatte ich mich auf die Wölfe eingestellt und lernte ständig aus ihrem Verhalten. Was auch immer sich in der Natur bewegte, es entging ihnen aufgrund ihrer Sinnesschärfe nicht. Nahmen sie auf weite Entfernung Menschen wahr, wichen sie ihnen sofort aus. Erschnupperten sie dagegen Beutetiere, nahmen sie deren Spuren auf. Wo die Natur auf der Seite der Wölfe steht, ist der Mensch ihnen unterlegen. Mit diesen beiden Wölfen bin ich einen anderen Weg gegangen als mit allen anderen zuvor. Anstatt auf Menschen zuzugehen, wich ich mit ihnen vor den Zweibeinern aus. Ich wollte ihr natürliches Leben noch näher kennenlernen, ganz einfach von ihnen lernen und mich ihnen anpassen.

Wie schon gesagt, war ich täglich mit den beiden Timberwölfen unterwegs. Einmal, kurz vor Einbruch der Dunkelheit liefen die Wölfe in ein nahes Buschwerk. Ich lief wie immer hinterher. Weit und breit konnte ich nichts Auffälliges entdecken, doch die Wölfe blieben unruhig. Irgend etwas lag in der Luft. Bei Gefahr sucht der Wolf zunächst stets Deckung. Dieses Verhalten ist ihnen angeboren. Mit erhobenen Köpfen spähten sie in die Windrichtung. Keine zwei Minuten später entdeckte ich durch das Fernglas in etwa tausend Metern Entfernung eine Gruppe von Soldaten. Das Verhalten der Wölfe zeigte wiederum, wie stark ihr Geruch- und Gehörsinn ausgeprägt sind und auf welch große Entfernung bei günstiger Witterung Feinde und Beute unterscheidbar und erkennbar sind. Ein anderes Mal nahmen sie bei Dämmerung und einsetzendem Sturmwind eine sich von hinten nähernde Person auf etwa vierhundert Metern wahr. Geruchsinn und Hörvermögen konnten bei dem Sturmwind nicht zum Tragen kommen. Diesmal hatten sie die Person erspäht. Beobachten konnte ich, daß Wölfe sich in erster Linie auf Geruch- und Hörvermögen verlassen, dann erst auf ihre Sehkraft. Diese setzen sie aber um so gezielter ein, wenn durch starken Sturm oder Unwetter die Witterung für sie ungünstig ist.

## Bildung einer Jagdgemeinschaft

Das Zusammenleben mit den beiden Jungwölfen und die zwischen uns mögliche Kommunikation faszinierten mich so sehr, daß ich mich entschloß, mit ihnen eine Jagdgemeinschaft zu bilden. Ich wollte die Wölfe in ihrem ureigenen Lebenskreis, bei der Jagd auf Beutetiere aus nächster Nähe erleben und beobachten. Man kann ihre Fähigkeiten, ihre Taktiken, Denkweisen und Gefühle nur wirklich erkennen, wenn man sie miterlebt. Wölfe sind Beutegreifer, die Natur hat sie für diese Aufgabe ausgerüstet. Menschen verfügen über keine vergleichbaren naturgegebenen Fähigkeiten, können sie allerdings unter Ausnutzung von mechanischen Mitteln nachahmen.

Im Wolfsleben bekommen die Welpen ab der dritten Woche Fleisch von den älteren Wölfen gebracht. Schon ab der zehnten Lebenswoche sind Wölfe in der Lage, selbst zu töten. Ab diesem Zeitpunkt sind sie keine Welpen mehr, sondern Jungwölfe. Es war meine Aufgabe, als zweibeiniger Wolf das gleiche zu tun, was naturgemäß den Wolfseltern obliegt, nämlich, Beutetiere heranzuschaffen und die Jungwölfe immer wieder in neue, ihrer Art entsprechende Situationen zu versetzen. Oft kam ich aus dem Staunen über die beiden Jungwölfe nicht heraus. Wie viele Varianten wendeten sie an, um an die Beutetiere heranzukommen! In der Regel habe ich Kaninchen und Hühner geschlachtet, sie an einem Draht hinter mir hergezogen und somit eine Schweißspur gelegt. Von Tag zu Tag zeigten sich die Wölfe eifriger bei Spurensuche und Sichern. Später baute ich Schwierigkeiten ein, indem ich z. B. Beutetiere vergrub oder sie an einen Baum, etwa einen Meter vom Boden entfernt hängte. Anfangs ging ich den direkten Weg zu den Beutetieren. Zielstrebig nahmen die Wölfe die Spur auf und schlugen in Sekundenschnelle zu. Sehr bald stellte ich fest, daß die überlegene Ronja das Beutetier für sich beanspruchte und Timber sich nicht sattfressen konnte. So setzte ich zwei Beutetiere aus. An einem Septemberabend sagte mir ein mit mir befreundeter Schäfer, der tagsüber mit seiner Herde in der Nähe weidete, daß im Gelände ein größeres Lamm liege, das krank sei und dem nicht mehr zu helfen wäre. Kaum dunkelte es, war ich mit beiden Wölfen unterwegs. Ich wollte das Lamm nicht länger leiden lassen. Nach kurzer Zeit waren wir nicht weit von der vom Schäfer angegebenen Stelle. Die Wölfe zeigten spannungsgeladenen Beutetrieb. Mit eingeschalteter Lampe rannte ich mit ihnen und konnte beobachten, wie Ronja am Hals des Tieres den Todesbiß ausführte. Das kranke Tier zeigte kaum noch Reaktionen. Es war ein schätzungsweise zwölf bis fünfzehn Kilogramm schweres Lamm und damit das größte von beiden Wölfen bis zu diesem Zeitpunkt gerissene Beutetier. Obwohl sich beide Wölfe anknurrten, durfte auch Timber an die große Beute heran.

Anfang Oktober war die Zeit gekommen, die von mir „Schwarze Teufel“ genannten Timberwölfe in das für sie vorgesehene Gehege in den Wolfspark Kammerforst zu bringen. Es bot sich an, mit den beiden nachts weitere Erkundungen durchzuführen, weil es sich um zwei Wölfe handelte, die bisher zu keinem größeren Rudel gehörten. Wölfe, die in einem Rudel integriert sind, haben eine stark ausgeprägte Bindung untereinander. Eine zeitweilige Trennung ist nicht möglich.

Das Gehege der beiden Wölfe lag am Rande des Wolfsparks in einem Waldstück, von dem aus in direktem Weg der Standortübungsplatz erreicht werden konnte. Die Entfernung des Auftzuchtgeheges bis zum Wolfspark beträgt etwa vier Kilometer. Auf dem Übungsplatz hatte ich in den frühen Morgenstunden, abends und am Tage auch die Wölfe frei laufen lassen können. In dieser Beziehung war ich jetzt aufgrund des über öffentlichem Gelände zurückzulegenden Weges eingeschränkt. Wenn ich meine Jagdgemeinschaft Wolf-Mensch weiterführen wollte, dann nur in einem reinen Mitternachtsunternehmen. Auf eigenes Risiko natürlich. Denn wer sollte mir die Genehmigung erteilen und von wem sollte ich so etwas verlangen? Ich konnte selbst die Jäger und Förster nicht einweihen. So war die Jagdzeit für uns drei „Wölfe“ begrenzt, von ein Uhr nachts bis vier Uhr morgens.

## Das Beutetrio: ein Mensch – zwei Wölfe

Aus dem Gehege heraus wurden die Wölfe an der Leine geführt, um zu verhindern, daß sie beim Verlassen des Geheges um die anderen Wolfsgehege herumrannten oder sich gar aus Angst entfernten. Wölfe an der Leine zu führen, ist für mich ein unnatürliches Unterfangen, aber die eingeengte Natur und der den Wölfen zur Verfügung stehende Lebensraum ließ mir keine andere Wahl. Die Wölfe verhedderten sich ständig in den Leinen und es war überhaupt ein mühsames Unterfangen für alle Beteiligten. Aber mit der Zeit gewöhnten wir uns daran. Erst auf dem Übungsplatz konnte das Leben des Beutetrios entsprechend der wölfischen Natur verlaufen. Es wäre vermessen, zu denken, daß es dort genügend Futtertiere für zwei Wölfe im Alter von sechs Monaten gegeben hätte. Also mußte ich Beutefleisch und Beutetiere bereits bevor ich mit den Wölfen durch den Wald strich, an verschiedenen Stellen in unserem Jagdrevier verstecken.

Während einer Vollmondphase Anfang November, wir waren gerade auf dem Weg zu unserem Nachtrevier, sprang plötzlich ein Reh vor uns auf. Es gab einen gewaltigen Ruck an den Leinen und ich flog mit Schwung zwischen den Bäumen ein Stück den Hang hinunter. Die Wölfe waren weg. Ich hatte mir ein paar Prellungen zugezogen und war erstaunt, welch ungeahnte Kräfte in solchen Situationen bei Wölfen freigesetzt werden. Nach einigen Minuten kamen die Wölfe wieder zu mir zurück. Das Reh war entkommen.

In freier Wildbahn jagen Jungwölfe zusammen mit älteren Wölfen, um von deren Erfahrungen im Beutemachen zu lernen. In der ersten Zeit meines Zusammenlebens mit den Wölfen hatte ich diese Versuche als zu großes Risiko eingestuft, da Jungwölfe mit sieben bis acht Monaten schon als vollwertige Mitglieder im Rudel jagen. Durch meine Langzeitbeobachtung und die daraus resultierende Verbindung sehe ich das heute gelassener, denn auch nach ergebnisloser Jagd finden Wölfe zu ihrem Rudelchef zurück. Und in unserer Jagdgemeinschaft war ich der Oberwolf. Zuerst bin ich bei den Wölfen die Mutter, in der nächsten Lebensphase dann als Ober- und Beutewolf praktisch das Zentralindividuum. Später und spätestens im ausgewachsenen Rudel wird der Alphawolf die Zentralfigur, und ich fungiere als ein zweibeiniges Wolfstier, zu dem der Alphawolf bei Betreten seines Rudelreviers engsten Kontakt pflegt – ein Rollentausch, den es im Wolfsrudel ohne Zutun des Menschen nicht gibt. Konflikte kann es in einem Rudel mir gegenüber nur mit einem Alphawolf geben. In meinem Wolfsleben hat es wenige Konfliktsituationen gegeben und diese wurden, wie ich es von den Wölfen gelernt hatte, in Sekunden-

Timber und Ronja: meine Jagdkameraden.

Bill, der schönste Timberwolf, den ich je gesehen habe.

schnelle auf nächste Entfernung durch einen Fußtritt unter den Fang, Kinnhaken oder Biß in die Lefzen gelöst. Abblocken, Macht zeigen, Sieger bleiben kann man so etwas nennen.

Im Dezember 1985 legte ich eine Spur, indem ich ein verendetes Lamm an einem Seil etwa sechshundert Meter über den Übungsplatz schleifte. Nachdem der freilaufende Timber die Spur aufgenommen hatte, ließ ich auch Ronja von der Leine. Von weitem hörte ich schon das bei Wölfen übliche Anknurren an der Beute. Als ich am Ort des Geschehens eintraf, ließen beide Wölfe kurz von dem Lamm ab, schwänzelten um mich herum und sprangen mich an. Als Timber wieder an die Beute wollte, versuchte Ronja ihren Bruder knurrend abzudrücken. Ich kniete mich neben die Beute, um meinen Anspruch als ranghöchster Wolf zu demonstrieren. Aber auch ich durfte nicht an die Beute. Ronja fühlte sich als Alphatier und knurrte mich an. In diesem Moment hatte ich verpaßt, mich durchzusetzen. Nach den Wolfsgesetzen wird in Sekundenschnelle entschieden und gehandelt, also mußte ich mich vollkommen auf das nächste Beutetier konzentrieren und handeln. Tue ich dies nicht, werde ich als höchstes Wolfstier in unserer Wolf-Mensch-Jagdgemeinschaft nicht mehr akzeptiert. Dabei knurrte mich Ronja zwar an, respektierte jedoch meine Anwesenheit. Mit ihren Fängen rissen sie Wolle aus der Haut des Lamms, um an das Fleisch zu gelangen. Nachdem sie sich satt gefressen hatten, gingen wir den langen Weg zurück ins Gehege. Auf dem Rückweg zeigten sie wenig Interesse an Wildspuren. Dieses Verhalten unterstreicht deutlich, daß ein sattgefressener Wolf keine Lust mehr zum Jagen verspürt. Die unstillbare Beute- und Blutgier, die ihm fälschlicherweise vom Menschen unterstellt wird, ist in keiner Phase meiner Arbeit zu beobachten gewesen.

Wenn ein Mensch inmitten eines Wolfsrudels lebt, ist von entscheidender Bedeutung, daß er der höchste, das heißt der dominanteste Wolf ist und bleibt. Hat ihm ein Wolf den obersten Rang abgenommen, dann ist er ein unterer Wolf. Es war nur noch eine Frage der Zeit, wann ich von Ronja mit sofortiger Unterstützung von Timber angegriffen würde. Solche Vorfälle gestalten sich noch gravierender, wenn es sich um ein größeres Rudel und ältere Wölfe handelt. Es sind von der Natur vorgegebene Wolfsgesetze. Diese habe ich begriffen und mein Handeln auf wölfische Art im richtigen Moment blitzschnell darauf eingestellt. Obwohl Wölfe sehr gefühlvolle Tiere sind, leben sie doch in einer sehr strengen Hierarchie und Rudeldisziplin. Führungsansprüche werden aus der Aggression heraus und körperlich bestimmend ausgetragen. Zwei Tage später um Mitternacht fiel die Entscheidung. Ich setzte ein größeres Hauskaninchen auf dem Übungsplatz aus. Anschließend ging ich mit den Wölfen in diese Richtung. Ronja lief frei. Als ich überzeugt war, daß sie die Spur aufgenommen hatte, ließ ich Timber ebenfalls von der Leine. Zwischen dem Aussetzen des Kaninchens und unserem Eintreffen war etwa eine Stunde vergangen. Das Kaninchen war inzwischen weggehoppelt. Auf etwa 200 Meter Entfernung vernahm ich einen kurzen Laut des Beutetieres. Demzufolge hatten die Wölfe es aufgestöbert und getötet. Sofort hörte ich auch das gegenseitige Anknurren, das mir die Richtung wies. Ronja hatte das Kaninchen schon aufgerissen, ließ Timber aber nicht an die Beute. Als er danach schnappen wollte, biß sie ihn ab. Diesen Moment nutzte ich aus. Ich packte mit der linken Hand blitzschnell die Beute und hob sie hoch. Im gleichen Augenblick zeigte Ronja auch mir gegenüber aggressives Verhalten, indem sie knurrend an mir hochsprang. Vor solchen oder ähnlichen Situationen habe ich im Verlauf meiner Wolfsjahre schon oft gestanden und diese Auseinandersetzungen, die ja nur Sieger oder Verlierer kennen, immer für mich entscheiden können. Blitzartig schlug ich ihr mit der Faust einen Kinnhaken, der sie sichtlich überraschte. Sie demonstrierte mir gegenüber sofort Untertänigkeit. Nach kurzer Zeit überließ ich den Wölfen wieder das Kaninchen. Ich hatte erneut gezeigt, daß der erste Anspruch mir als Oberwolf gebührt.

Etwa ab Mitte Februar nahm ich die Wölfe nicht mehr an die Leine, wenn es ins Jagdgebiet ging. Es hatte sich nun ein gewisses Vertrauensverhältnis gebildet. Oft entfernten sie sich von mir, wenn sie eine Spur aufgenommen hatten, kamen aber immer wieder zurück. Sobald wir unterwegs waren, heulten oft meine anderen beiden Wolfsrudel. Die beiden standen dann um mich herum und heulten mit mir. Ein eigenes Rudel hatte sich gebildet. Entfernten die Wölfe sich, konnte ich mich nur auf mein Gehör verlassen, es sei denn, es waren Mondnächte. Deshalb führte ich eine weitreichende Lampe mit, um in der Dunkelheit die entscheidenen Momente erkennen zu können.

Anfang April wollte ich feststellen, wie sich die beiden Wölfe in diesem Alter einem größeren Beutetier gegenüber verhalten würden. Ich setzte ein Schaf aus, das Lungenentzündung hatte und am Verenden war. Eine Fährte war nicht vorhanden. Auf eine Entfernung von etwa dreihundert Metern nahmen die Wölfe, begünstigt durch den Wind, Witterung auf. Sie liefen direkt auf die

Beute zu und hoben dabei mehrmals die Köpfe hoch. Als sie angekommen waren, führte Ronja sofort den Todesbiß am Hals des Schafes durch und Timber faßte von der Seite. Dies alles ging blitzschnell und bewies mir, daß ein Jungwolf gezielt Beute machen kann, auch wenn jedes Beutetier eine andere Jagd- und Tötungsform verlangt. Nur die Großwildjagd muß von älteren, erfahrenen Wölfen erlernt werden. Wichtig ist jedoch, daß Jungwölfe stufenweise an immer größere Beutetiere herangeführt werden. Die Natur hat den Wölfen diese Fähigkeiten mitgegeben, nur müssen sie im richtigen Alter und Moment gefordert werden. Beutejagd heißt Töten, verbunden mit Überlistung, Planung, Entschluß, Schnelligkeit und Mut.

Zwei Nächte nach dem Reißen des Schafes befanden wir uns wieder auf einem nächtlichen Streifzug. Wir waren noch etwa fünfhundert Meter von der Stelle des letzten Versorgungspunktes entfernt. Ich wechselte ihn ständig, damit die Wölfe nicht zur Futterstelle laufen, wie ein Hund zu seinem Napf. Unsere nächtlichen Exkursionen hätten so keinen Sinn gehabt. Die Wölfe bewegten sich in der Regel in Wald, Busch und Wiesengelände gemeinsam. Oft trennten sie sich auch unterwegs, manchmal kehrte zuerst Ronja zu mir zurück, ein anderes Mal Timber. So kam in einer Mondnacht gegen zwei Uhr Timber zu mir zurück, und ich wartete auf Ronja. Im gleichen Moment klagte etwa fünfzig bis hundert Meter vor uns in einem Ginstergelände ein Reh. Sofort sprang Timber los und ich auch. Auf einer Wiese vor den Ginsterbüschen rissen beide Wölfe das Reh. Es geschah in Sekundenschnelle. Was war hier vorgefallen? Ganz einfach. Ronja hatte ein auf der Straße angefahrenes Reh aufgestöbert und das verwundete Tier hatte bei der Annäherung der Wölfin und dem folgenden tödlichen Biß den Klageton von sich gegeben. Timber war sofort zur Stelle. Ohne weiteres ließen sie mich als ranghöchsten Wolf an die Beute heran und ich tat so, als würde ich mitfressen. Durchgesetzt hatte ich mich Ronja gegenüber schon bei der Begegnung mit dem Kaninchen, und Timber stand in der damaligen Rangordnung unter Ronja. Nur so wurde ich am Beutetier voll akzeptiert und konnte anhand der Knöchelbrüche und Blutergüsse feststellen, daß der Unfall nicht lange zurücklag und der Rehbock keine Überlebenschance mehr gehabt hätte. Die beiden Wölfe rissen die Bauchdecke auf, um zuerst an den Mageninhalt heran zu kommen, dann fraßen sie einen Teil der Keulen, Stücke vom Vorderblatt

Mittagsruhe bei den Timberwölfen.

Der vierjährige Bill – der Schönste, aber nicht der Ranghöchste.

und Hals. Als sie gesättigt waren, liefen wir zu unserem Schlafplatz in das Gehege zurück. Den Rest des Rehwildes vergrub ich am frühen Morgen unter der Rasendecke, damit die Wölfe in der kommenden Nacht zu suchen und zu graben hatten, wenn sie sich versorgen wollten.

Zum Abschluß unserer gemeinsamen Exkursionen wollte ich eine frische Wildspur über eine größere Entfernung legen. Da ich hierfür ein Stück Rehwild benötigte, mußte ich solange warten, bis mir Ende April ein Förster ein totes Reh überließ. Es war von einem Auto überfahren worden. Ich band dem Kadaver einen Strick um den Hals, schleifte ihn etwa eineinhalb Kilometer durch das Gelände und legte ihn an einem für mich markanten Punkt ab. Da ich unter Zeitdruck war, es war ja schon Mitternacht und am frühen Morgen mußten wir von der Bildfläche verschwunden sein, nahm ich beide, wie sonst nicht mehr üblich, an die Leine, um auf einem Waldweg schnellstens zum Ausgangspunkt zu gelangen. Als wir uns der ausgelegten Spur näherten, ließ ich Ronja und Timber frei. Sofort hatten beide die Nasen auf dem Boden und suchten. Innerhalb kurzer Zeit hatten beide die Schweißspur aufgenommen. Bald verschwanden sie in der Dunkelheit. Ich verharrte zwanzig Minuten an meinem Platz. Dann begann ich zu heulen. Erwartungsgemäß antworteten die beiden genau aus der Richtung, in der sich das Reh befand. Im Eilmarsch begab ich mich nun zu der Stelle. Dort angekommen, sprangen mich die Wölfe freudig an und wedelten mit der Rute. Sodann wendeten sie sich von mir ab, knurrten sich gegenseitig an und gingen wieder zum Fressen über. Nachdem sich beide den Bauch vollgefressen hatten, gingen wir durch den Wald wieder zum Gehege zurück.

# Indische Wölfe

## Meine ersten indischen Wölfe

Den Biologen und Tierinteressierten sind die Indischen Wölfe wenig bekannt. Das ist schade, denn gerade das Studium ihrer Lebensart läßt erkennen, welch große Abweichungen es zwischen den einzelnen Wolfsunterarten gibt. Vom tierpsychologischen Standpunkt aus sind die Indischen Wölfe bis in die heutige Zeit dem Menschen fremd geblieben. Man weiß wohl, wo ihre Lebensräume sind und was sie fressen, aber besondere Eigenheiten dieser Unterart sind kaum bekannt. Der russische Wolfsforscher Prof. Dr. Bibikow aus Moskau schreibt in seinem Buch „Der Wolf", daß das Verbreitungsgebiet in Indien aus mehreren isolierten Teilarealen in den Gebieten der Unionsstaaten Radschastan und Gudscherat sowie in den subtropischen Regionen von Bihar und Orissa bestehe. Kleinere Gruppierungen sollen auch noch in Karatka, Madhja Pradesh und Uttar Pradesh existieren. Ziegen, Schafe, Schweine und Aas bilden die Hauptnahrung des Wolfes. Wo es möglich ist, jagt er auch Hasen und wildlebende Huftiere. Die Dorfbewohner verwenden zu seiner Bekämpfung vergiftete Köder. Man rechnet mit einem Bestand von etwa fünfhundert bis achthundert Wölfen (Stand 1983). Dies sind aber nur vage Schätzungen. Es könnten weitaus weniger, aber auch einige mehr sein. Jedenfalls ist der Wolf in Indien vom Aussterben bedroht. Bei zunehmender Überbevölkerung wird der Wolf vernichtet, wo er in Erscheinung tritt. Die arme Landbevölkerung ist auf die frei ums Haus herumlaufenden Ziegen und Schafe angewiesen. Die im Zuge der Überbevölkerung auftretende strikte Verfolgung des Wolfes als Nahrungskonkurrent ist nach meiner Meinung der ausschlaggebende Grund dafür, daß gerade der Indische Wolf scheuer und vorsichtiger ist als alle anderen Wolfsunterarten, mit denen ich es bis jetzt zu tun hatte. Gerade das Auslegen von vergifteten Ködern hat sie gegenüber Menschen zu äußerst mißtrauischen Tieren werden lassen. Nur scheue und vorsichtige Tiere haben eine Überlebenschance und können sich weiter fortpflanzen. Wolfsunterarten, die wenig verfolgt wurden, wie z. B. die Arktiswölfe, zeigen bei weitem nicht solch eine Vorsicht gegenüber dem Menschen. Europäische Wölfe hingegen kommen in ihrem Scheuverhalten den Indischen Wölfen sehr nahe. Auch die Timberwölfe sind scheuer als die Arktiswölfe.

Am 8. Mai 1991 bekam ich drei Welpen aus dem Kölner Zoo, der nach meiner Information als einziger Zoo in Europa diese Unterart hält. Sie waren gerade elf Tage alt. Den größten nannte ich Maharadscha, die beiden anderen Monsun und Ghandi.

Da ich bereits bei meinen anderen Wolfsunterarten Unterschiede in Wesen und Verhalten festgestellt hatte, interessierten mich die wenig erforschten Indischen Wölfe besonders. Begünstigend kam hinzu, daß die an der Humboldt-Universität Berlin ausgebildete Diplombiologin Christiane Kricheldorf bis zum Oktober in Merzig bleiben wollte. Ihr Studienschwerpunkt lag auf der Untersuchung der Lautgebung bei Wölfen, hierbei vor allem auf der Entwicklung der Laute der Jungtiere und der Feststellbarkeit individueller Unterschiede. Christiane hatte mit mir ein Jahr zuvor vier Arktiswölfe aufgezogen. Damit waren günstige Voraussetzungen gegeben. Zu zweit ist die Aufzucht leichter, da ja auch die anderen erwachsenen Wölfe täglich kontaktiert und versorgt werden müssen. Um die Wolfswelpen schnell nach Merzig zu bekommen, fuhr ich mit dem Zug nach Köln und Hildegard Hoppe, eine Wolfsfreundin und jahrelange Mitarbeiterin aus Düsseldorf, brachte die drei und mich dann schnellstens mit dem Auto wieder zurück.

Zu Hause angekommen, stand bereits eine mit Decken ausgelegte Kiste in unserem Wohnzimmer. Die Welpen bekamen sofort ein Fläschchen mit Spezialmilch für Hunde angeboten. Vorsichtig schnupperten sie daran, zeigten aber kein Sauginteresse. So wurde ihnen die erste Milch eingeträufelt. Das änderte sich aber schon in der Nacht und am nächsten Tag. Die Milch wurde nun im Zwei-Stunden-Takt verabreicht. Jetzt saugten sie schon richtig an den Milchnuckeln. Wolfswelpen sind sehr hungrig, weil sie schnell heranwachsen. Maharadscha war zwanzig Prozent schwerer als seine beiden Brüder und drückte die beiden von der Milchquelle ab, so daß die Welpen einzeln mit der Flasche gefüttert werden mußten. Monsun öffnete am elften Lebenstag die Augen. Maharadscha und Ghandi folgten am zwölften Tag. Am vierzehnten Tag zeigten die Welpen schon schreckhaftes Verhalten, als unsere beiden Loripapageien ihre Rufe ertönen ließen. Auch laute menschliche Stimmen und plötzliche Geräusche, wie das Zuschlagen von Türen, ließ sie erschrecken. Am siebzehnten Tag heulte allein Ghandi, als ich anstimmte, die beiden anderen Wölfe blieben ruhig. Am achtzehnten Tag reagierten die drei Welpen auf meinen Sammelruf, der aus langgezogenen hohen Lauten besteht, die rhythmisch wiederholt werden, und sie liefen auf mich zu, als ich auf dem Boden lag. Wolfswelpen entwickeln sich sehr schnell. Vom anfänglichen Krabbeln ist es ein kurzer Weg bis sie auf den Beinen stehen und beginnen, zu laufen.

Am einundzwanzigsten Tag kamen sie in ein größeres Gehege in unserem Wohnzimmer (etwa vier Quadratmeter), in dem alle Wolfswelpen vorher aufgezogen worden waren. Auslauf hatten sie im restlichen Zimmer. Versorgt wurden die Wölfe von meiner Frau Erika, Christiane, Hildegard und mir. Bis zur dritten Woche nahmen sie noch Sozialkontakt zu unseren Mitarbeitern Martin und Jürgen auf. Allen anderen, später in ihre Nähe kommenden Menschen gegenüber, zeigten sie Fluchtverhalten. Als ich in der dritten Woche mich umzuziehen vergaß, also den Anzug der Arktiswölfe trug, zeigten die Welpen mir gegenüber Fluchtverhalten und verweigerten die Annahme der Milch. Sofort erkannte ich diesen Fehler, wusch mich und wechselte den Anzug. Kurz rochen sie an mir, und gierig stürzten sie sich auf die Milchfläschchen.

## Erste Unterschiede im frühen Stadium

Zu diesem Zeitpunkt stellte ich erstmals ein Verhalten unter den Welpen fest, das ganz anders war als das der anderen Wolfswelpen, die ich seit Jahren aufziehe. So zeigte Maharadscha seinen Brüdern gegenüber ein aggressives und dominantes Verhalten. Er überbiß ihre Schnauzen und drückte sie mit seiner Körperkraft zu Boden. Es ging zwischen den Welpen richtig grob zu. Da die beiden Kleineren durch die gute Ernährung an Körperkraft gewonnen hatten, ließen sie sich das nach einigen Tagen nicht mehr gefallen, und es kam in verschiedenen Spielsituationen, aber besonders bei der Fütterung, jeweils zu kurzen heftigen Keilereien, wobei jeder gegen jeden kämpfte. Dabei bissen sie sich in Fang, Kopf und Hals. In den meisten Fällen wurde dies nur mit einem aggressiven Knurren und angezeigtem Überbeißen der genannten Körperteile angedeutet. Oft trugen sie aber auch kleinere Verletzungen davon. Keiner der Welpen steckte zurück. Gewiß, auch die Europäischen Wölfe sowie die Timber- und Arktiswölfe hatten ihre Kräfte als Welpen aneinander gemessen, doch auf eine völlig andere Art als nun die Indischen. Trotz jahrelanger Aufzucht und Beobachtung von Welpen, war ich vom Verhalten der Indischen Wölfe überrascht. Es stellt sich die Frage, ob der Lebenskampf dieser Wölfe härter ist als der von anderen und ob sie überhaupt in größeren Verbänden leben, wenn sie bereits in diesem frühen Alter so aggressiv untereinander sind. Wolfswelpen und Jungwölfe regeln das Leben und Überleben unter sich weitgehend ohne den Einfluß erwachsener Wölfe im Rudel. Die Wölfin gibt ihre Milch. Sie und der Alphawolf sowie die anderen Wölfe bringen Fleisch. Die Verteilung aber regeln die Welpen und Jungwölfe selber unter sich. Ist von diesem Nahrungsangebot genügend vorhanden, wachsen mehrere Welpen heran. Bei Nahrungsknappheit überleben nur einzelne, schlimmstenfalls nur einer. Das wäre bei diesem Wurf nur Maharadscha gewesen. Er hätte die anderen abgedrückt, und sie wären verhungert.

Der Überlebenskampf der Wölfe beginnt schon beim Verlassen des Mutterleibs. Das Leben in freier Natur ist hart. Darüber konnte ich mich mit den kanadischen Wolfsforschern Pierre Vaillancourt und Alain Ridel unterhalten, als sie mich 1996 in Merzig besuchten. Die beiden Wolfsforscher gelten als ausgesprochene Spezialisten und beobachten im Auftrag der Regierung die Wolfspopulation im Quebec-Gebiet. Übereinstimmend meinten sie, daß von den Wölfen dieses Gebiets etwa vierzig Prozent in einem Jahr sterben, Welpen, Jungwölfe und ausgewachsene Tiere zusammengerechnet. Die größte Sterblichkeit konzentriert sich jedoch auf die Welpen und Jungwölfe. Nur wenige Jungwölfe überleben den Winter. Innerhalb der letzten sechs Jahre haben die beiden Forscher nur etwa dreißigmal Wölfe gesehen, da

Indische Wölfe auf Futtersuche im Schnee.

diese schon auf weite Entfernung dem Menschen ausweichen. Die Lebenserwartung eines Wolfes beträgt nach ihrer Meinung und Beobachtung in freier Natur etwa sechs bis sieben Jahre.

Nun wieder zurück zu meinen Indischen Wölfen, die in einer anderen Naturregion leben, deren vergleichbar größere Härte sich bereits im Verhalten als Welpen und Jungwölfe dokumentiert. Da ich alle Welpen nach demselben Prinzip aufgezogen habe und dabei auch oft vom Fernsehen gefilmt wurde, ließ ich am einunddreißigsten Tag zu, daß auch Aufnahmen bei den Indischen Wölfen gemacht wurden. Sie zeigten sich sehr ängstlich, sprangen am Gitter hoch, bissen in den Draht und suchten hinter mir Schutz. Dieses Verhalten führte dazu, diese Welpen nicht mehr aus nächster Nähe filmen zu lassen. Mit drei Wochen bekamen sie das erste feste Futter in Form von Rinderhackfleisch aus meinem Mund. Wie erwartet schob Maharadscha seine beiden Brüder zur Seite, um das Fleisch allein für sich in Anspruch zu nehmen. Wenn Wolfswelpen das erste Fleisch bekommen, sind sie sehr gierig. Ich kann ihnen ausreichend Futter anbieten. Diese günstigen Bedingungen gibt es in der freien Natur natürlich nicht. Wer dort vom Stärkeren abgedrückt wird, muß verhungern. Die Fütterung von Fang zu Fang führte ich drei Tage durch, dann gab ich den Welpen das Hackfleisch mit Ei vermischt in eine Schüssel und stellte ihnen auch bald genügend Fleisch am Knochen zur Verfügung. Im Alter von vier Wochen brachte ich die Jungen in das Aufzuchtgehege, wo ich alle Wolfswelpen aufgezogen habe. Von nun an war auch mein Schlafplatz dort – zusammen mit den Welpen in der Kiste. Ghandi erkrankte bald darauf am rechten Auge, das eine blaue Trübung zeigte. Trotz schneller Behandlung durch Tier- und Augenarzt erblindete er einseitig. In der Wildnis wäre er ein aussichtsloser Fall, aber im Freigehege kann er weiterleben.

Ab der achten Woche spielte ich den Beutewolf und versteckte mich im Gebüsch. Inzwischen rea-

Maharadscha – der Alpha-Wolf.

gierten die jungen Wölfe auf meinen Sammelruf. Nach und nach reagierten sie auf immer weitere Entfernungen. Wenn sie mich gefunden hatten, bekamen sie von mir ein Kaninchen oder ein Huhn. Diese Tiere waren jeweils frisch geschlachtet. Die Wölfe stürzten sich auf die Beutetiere, wobei auch hier wieder Maharadscha dominierte. Er packte jeweils die Beute am Hals, schüttelte sie und biß fest zu. Dann riß er ihnen den Bauch auf, um an die Innereien zu kommen. Hatte er sich satt gefressen, durften die anderen an die Beute heran. Vorher aber schleppte er die Beute im Gras herum, wobei die anderen wieder auf das tote Tier einbissen. Jetzt heulten die Wölfe auch täglich, wenn ich in die Nähe des Geheges kam, den Lockruf ausübte und selbst zu heulen begann. In der zehnten Lebenswoche gab ich ein totes Huhn in das Gehege. Maharadscha, zu dieser Zeit neuneinhalb Kilogramm schwer, packte das ca. zwei Kilo schwere Huhn und sprang mit ihm in den Eingang der fünzig Zentimeter höher stehenden Holzkiste. Solch eine Sprungkraft mit Beutetier habe ich bei anderen Wölfen seines Alters noch nie erkennen können. Maharadscha wollte nicht, daß Monsun und Ghandi an die Beute kommen.

Die Sprungkraft der Indischen Wölfe scheint besonders ausgeprägt zu sein, denn auch Monsun und Ghandi sind schon aus der Kiste heraus über mich hinweggesprungen, wenn ich vor dem Eingang saß. Frau Dr. Zimmermann, eine Zoologin aus dem Kölner Zoo, sagte mir bereits, daß in Gehegen, in denen man andere Unterarten untergebracht hatte, das Halten von Indischen Wölfen aufgrund ihrer ausgeprägten Sprungkraft nicht möglich war, zumal sie diese Kraft ausnützen und auch andere Hindernisse durch geschicktes Klettern überwinden können. Aus diesem Grunde habe ich beim Bau ihres Geheges Vorsorge getroffen.

Ab der fünften Woche gruben die Welpen an Mäuselöchern, oft mit Jagderfolg. Beim weiteren Heranwachsen wurden ihnen mit überfahrenen Rehen und Hasen Spuren gelegt. Die Wölfe setzten sich auf die Spur, verloren aber diese oft durch Hastigkeit und suchten weiter. Waren sie jedoch in der Nähe der Beute angekommen, stürzten sie sich darauf. Welpen und Jungwölfe müssen im Gelände artgerecht beschäftigt werden, sonst verkümmern ihre angeborenen Fähigkeiten und Sinnesorgane. Gerade in diesem Alter habe ich viel von den Wölfen gelernt. Ihre spätere Aufgabe als Rudeljäger zeichnet sich jetzt schon deutlich ab. Ich biete ihnen immer neue Situationen an, damit sie ihre angeborenen Verhaltensweisen entwickeln und neue dazulernen. Es ist eine Freude, den Tieren zuzusehen, welche Fähigkeiten sie entwickeln und wie unterschiedlich die einzelnen Individuen handeln. Dabei bekommen die Einzelnen von den Wesensstärkeren und Schlaueren schon ihre Grenzen gezeigt.

Die kurze Kinder- und Jugendzeit ist nach meinen Beobachtungen im Leben eines Wolfs der ereignisreichste und abwechslungsreichste Lebensabschnitt, in dem sie sich schon für ihr späteres Leben vorbereiten. Einen Sommer lang haben die Wölfe Narrenfreiheit und werden erst im Herbst vom Alphawolf oder der Alphawölfin in das Rudel eingegliedert. Voraussetzung für diese Unbeschwertheit ist das Vorhandensein von genügend Nahrung, sonst beginnt der Überlebenskampf, der immer mit einer Auslese verbunden ist, für die Jungen schon sehr früh. Nach den Gesetzen der Natur setzt sich der Stärkere durch. Welpen und Jungwölfe haben bei mir so gesehen ein leichteres Leben. Alle haben genügend Futter und streifen mit mir und mit meinen Mitarbeitern in den Abend- und Nachtstunden durch die Natur. Später kommen sie in ein Großgehege, wo sie ausreichend Auslauf haben und jeder seine Rolle im

Rudel spielt, ohne daß ich Einfluß nehme. Wie mir die kanadischen Wolfsforscher erzählten, stirbt ein Teil der Welpen an äußerlichem wie innerlichem Parasitenbefall. Auch meine drei Welpen hatten starken Spulwurmbefall, so daß ich ab dem dreizehnten Lebenstag mit der ersten Wurmkur beginnen mußte. Diese Parasiten befallen in erster Linie junge, schwache, kranke und altersschwache Tiere. Am schwersten war der kleine Ghandi betroffen. Bei älteren Jungwölfen und ausgewachsenen Tieren ist der Spulwurmbefall nicht mehr so tragisch, denn die Tiere fressen Fell und Wollteile mit, in denen die Würmer hängenbleiben und mit dem Kot ausgeschieden werden.

## Besonderheiten dieser Unterart

Die Indischen Wölfe sind in erster Linie am Abend, nachts und morgens aktiv. Am Tag verbringen sie die Zeit meist schlafend. Im Alter von neun Wochen heulte ich beim abendlichen Auslauf, worauf unsere beiden Hauswölfe Riese und Kathrin sowie die entfernter lebenden Wölfe Otto und Lady sofort Antwort gaben. Die drei Indischen Wölfe waren erschrocken, zeigten Unsicherheit und suchten hinter mir Schutz. Als ich in Richtung der heulenden Altwölfe ging, liefen sie mit eingezogenen Ruten hinter mir her, laut winselnd und jaulend. Ich vermute, das fremde Heulen machte ihnen Angst. Alle anderen Wölfe, die ich aufgezogen habe, reagierten vollkommen anders. Sie heulten spontan mit. Es könnte sein, daß das Heulen für sie in diesem Alter noch sehr anstrengend ist. Ob sie in freier Natur erst später zu heulen beginnen und ich dies zu früh abrufe, ist mir nicht klar. Jedenfalls ist in ihren Stimmen ein Gejaule zu erkennen, das sich noch etwa ein halbes Jahr hinzieht. Danach wird die Stimme der einzelnen etwas klarer. So etwa im zweiten Lebensjahr sind die Stimmen der Jungwölfe kaum von denen der Älteren zu unterscheiden.

Die von mir praktizierte hautnahe Verhaltensforschung wäre nicht zustande gekommen, wären diese Welpen meine erste Aufzucht gewesen und hätte ich sie erst im Alter von drei bis vier Wochen bekommen. Dann nämlich wäre die entscheidende Prägephase bereits vorbei gewesen und es hätten nie mehr Vertrauen und eine enge Verbindung zustande kommen können. Doch gerade das ist die Basis für das Leben eines Menschen unter Wölfen. Ein ähnliches frühzeitig ausgeprägtes Angst- und Fluchtverhalten wie bei den Indern habe ich bei keiner anderen Wolfsunterart erfahren. Nur meine langjährigen Erfahrungen und der Beginn der Aufzucht im Alter von elf Tagen ermöglichten ein problemloses Zusammenleben.

Inzwischen habe ich mich vollkommen auf ihre Psyche eingestellt. Leider kann ich diese hochsensiblen und vorsichtigen Wölfe nicht wie alle meine anderen Wölfe in diesem Alter frei laufen lassen. Sie brauchen die Nähe der ihnen vertrauten Menschen. Bei jeglicher Fremdeinwirkung reagieren sie mit sofortiger Flucht. Bei zu häufiger Fluchtauslösung würden sie noch scheuer werden, fürchte ich. So werden sie jeden Abend an die Leine gelegt und von meinen Mitarbeitern ausgeführt. Ich eile voraus, und sie folgen meiner Spur, ich verstecke mich, und sie freuen sich, wenn sie mich gefunden haben. Dabei will mich jeder als erster am Fang begrüßen (meinen Mund lecken). Es kommt dabei jeweils zu kurzen aber heftigen Auseinandersetzungen direkt vor meinem Gesicht. Dabei beißt einer dem anderen knurrend direkt über den Fang, Als Monsun mir einmal den Mund leckte, kam Ghandi hinzu und wollte Monsun über den Fang beißen und ihn abdrücken. Dabei biß er mir aber heftig in die Lippe, was auf seine Blindheit zurückzuführen war.

Aufpassen muß ich, wenn die Wölfe älter werden. Zunehmend beschäftige ich die Wölfe mit Spurensuchen und Auffinden von Beutetieren, so daß sie sich regelmäßig freuen, wenn es abends auf die Jagd geht. Andere Jungwölfe, in erster Linie die Arktiswölfe, suchten stets die Nähe zu fremden Menschen. In dieser Phase ist es meine Hauptaufgabe, den Wölfen Abwechslung und Lernimpulse zu verschaffen – also möglichst die Lebensumstände zu imaginieren, die sie bei ihrer Mutter und dem Alphawolf im Rudel auch vorfinden würden. Anderenfalls könnte ich keine authentischen Beobachtungen vornehmen, da die Tiere sich nicht natürlich verhielten. Über die Psyche und Andersartigkeit der verschiedenen Wolfsunterarten ist bisher wenig bekannt. Das liegt zum Teil daran, daß Wissenschaftler und Wolfsforscher sich in der Regel nur mit einer Wolfsart befassen und somit keinerlei Vergleichsmöglichkeiten haben. Zum anderen liegt es an der Zielsetzung und nicht zuletzt auch, wie Professor Lorenz sagte, an mangelndem Einfühlungsvermögen. Um den Wolf als Individuum zu erforschen, führen nur Geduld, Zeit und Hingabe zum Erfolg.

Erfreulicherweise werden in den letzten Jahren Schwerpunktforschungen durchgeführt, um den Wolf und seinen Lebensraum zu erkunden. Einen ganz anderen Einfluß auf das Leben der Wölfe hat ihr großer Feind, der Mensch. In den vergangenen Jahrtausenden, und bis in unsere Zeit , wurden die Indischen Wölfe am stärksten von allen Wolfsarten vom Menschen verfolgt und sind so fast ausgerottet. Evolutionär betrachtet, kann das frühe Scheuverhalten meiner drei kleinen Inder aus dieser vererbten Angst und dem Mißtrauen resultieren. Gleich hinter den Indischen Wölfen rangieren in der Verfolgungsskala die Europäischen und dann die kanadischen Timberwölfe. Am wenigsten scheu zeigen sich die wenig verfolgten Arktiswölfe. Dies hat meine langjährige Aufzucht und das Zusammenleben mit den vier verschiedenen Unterarten ergeben. Die Basis, um zu solchen Ergebnissen zu gelangen, ist, mit den Wölfen bereits im Welpenalter zu leben und später als Ehrenwolf mit ihnen das Schlaflager zu teilen. Dies ist allerdings nur bis zu einem gewissen Alter nötig, denn die enge soziale Bindung, die in dieser Phase aufgebaut wird, hält ein Wolfsleben lang an, vorausgesetzt, man geht die späteren Entwicklungsphasen mit. So und nicht anders ist das Verhalten und die Psyche der einzelnen Unterarten in aller Unterschiedlichkeit zu erkennen. Zugegeben, ein solches Leben ist nicht immer einfach. Vollkommen abweichend von den mehrheitlich geltenden Konventionen, führt es oft zu Unverständnis und Argwohn in der Gesellschaft. Doch werde ich durch die Zuneigung der Wölfe belohnt. Mir fehlt

Im Alter von drei Wochen: Maharadscha sucht Fleisch an meinem Mund; Ghandi und Monsun trinken.

Im Aufzuchtgehege: Ghandi knabbert mir im Alter von drei Monaten am Bart. Gegenseitige Zuneigung.

nichts, wenn ich bei ihnen bin. Sie geben mir darüber hinaus viel Kraft; Wölfe sind zwar listig, um an die Beute zu kommen, aber ansonsten haben sie in ihrem Rudel- und Sozialleben eine klare Rangordnung und sind zuverlässige Freunde.

Die Andersartigkeit der Indischen Wölfe ist mir also in der Zwischenzeit klar geworden. Sie leben bei mir, und meine Aufgabe ist es, mich auf sie einzustellen und einen engen Sozialkontakt aufzubauen. Noch mehr als bei meinen anderen Wolfsunterarten fordern sie von mir, ganz auf ihr Eigenleben einzugehen, sonst erfolgt sofortiges Mißtrauen, welches mit sekundenschneller Flucht verbunden ist. Es sind die sensibelsten und vorsichtigsten aller Wölfe. Die Aggression der Wölfe untereinander und ein regelrechtes Verbeißen am Hals, verbunden mit kleineren Wunden waren etwa bis zur zwölften Lebenswoche täglich zu beobachten, in erster Linie, wenn sie registrierten, daß sie versorgt werden sollten, aber auch zu anderen Zeiten. Gleiches konnte ich bei den Welpen und Jungwölfen der anderen Unterarten nur wenig oder abgeschwächt beobachten. Dies zu deuten ist sehr schwierig. Ist möglicherweise der Lebenskampf bei Indischen Wölfen in diesem Alter härter? Hungern brauchten sie bei mir bestimmt nicht, aber trotzdem hegten sie diese starken Aggressionen gegeneinander. Rücksichtsloses Durchsetzen um jeden Preis war die Devise. Dies muß aber schon an der Milchquelle der Wölfin begonnen haben, denn Maharadscha war weitaus stärker und kräftiger als seine Brüder. Noch dazu war er wesentlich dominanter. Bei Futterknappheit wäre er bestimmt der einzig überlebende Welpe gewesen. Monsun und Ghandi waren regelrechte Zwerge. Diese Art des Verhaltens ist meiner Meinung nach angeboren. In meiner Wolfsforschung sind dies jedenfalls ganz neue Erkenntnisse. Ich kann mir aber nicht vorstellen, daß dieses Verhalten nur bei diesem einen Wurf Indischer Wölfe anzutreffen sein wird. Ausschlaggebend dafür sind wahrscheinlich das Leben und die Lebensbedingungen ihrer Vorfahren in den Regionen Indiens.

Zu den vier Polarwölfen, die ich aus dem Berliner Zoo erhielt, als sie schon sechs Wochen alt waren, konnte ich nur mit großer Mühe einen engen sozialen Kontakt und vertrauensvolle Bindung herstellen. Bei den Indischen Wölfen wäre das in diesem Alter gar nicht mehr möglich gewesen. Wölfe sind nicht zu überlisten und lassen sich unter keinen Umständen einen Sozialkontakt aufdrängen. Wenn ein Wolf einmal Ablehnung gezeigt hat, dann bleibt es dabei. Alle menschlichen schmeichelnden Zuwendungen nützen da nichts. Ab der zwölften Lebenswoche etwa ließ die Aggression unter den jungen Indern nach, und sie verhielten sich wie die Jungwölfe der anderen Unterarten, bei denen Rangeleien auch an der Tagesordnung sind. Der Unterschied besteht darin, daß es hier in der Regel nicht zu Verletzungen kommt. Nun stellte ich auch bei den Indern keinerlei Bißverletzungen mehr fest. Ihre absolute Standorttreue behielten sie bei, d.h. sie kehrten nach dem abendlichen Ausflug immer wieder ins Gehege zurück. Auch das stand im Gegensatz zu den anderen Jungwölfen, die schon im Alter von etwa acht Wochen nicht mehr ins Gehege zurück wollten.

Der Indische Wolf ist heute vom Aussterben bedroht. Nur sein scheues und mißtrauisches Wesen hat ihn vor der totalen Ausrottung bewahrt. Aber wie lange kann diese Tierart in ihrem angestammten Lebensraum bei dauernder Verfolgung überhaupt noch überleben? Es ist zu befürchten, daß der Indische Wolf, als Unterart wenig oder überhaupt nicht erforscht, aussterben wird, wenn er nicht sofort von den zuständigen Regierungen unter Schutz gestellt wird. Obwohl ich schon Löwen, Panther, Hyänen, Pumas, verschiedene Bärenarten, Schleichkatzen, Marder, Dachse und Füchse aufgezogen habe, kann ich zusammenfassend sagen, daß nur die Füchse ähnliche Reaktionen wie die Indischen Wölfe zeigen. Den Füchsen geht es bei uns so wie den Wölfen in Indien:
Wo sie sich sehen lassen, werden sie getötet. Aber erstaunlicherweise gibt es unter den Füchsen auch einzelne Tiere, die, wenn sie im frühen Welpenalter in die Hände von Menschen mit Gefühl für Tiere kommen, zu deren Sozialpartnern werden. Überhaupt stellte ich in meinem Leben mit sogenannten wilden Tieren fest, daß es unter ihnen einzelne Exemplare gibt, die den mit ihm zusammenlebenden Menschen mehr zugetan sind als ihren Artgenossen. Also nicht nur der Instinkt, auch das Gefühlsleben spielt bei den Tieren eine große Rolle. Doch erlebt solche Gefühle nur der Mensch, der als Gleichartiger unter den Tieren lebt. Darüber sprach ich auch mit Professor Konrad Lorenz, und wir stimmten völlig überein.

Durch meine Langzeitbeobachtungen und Erfahrungen vorbereitet, stellte ich mich auf die Inder ein. In der Schlafkiste lagen sie anfangs an mich gedrängt, so wie alle anderen von mir großgezogenen Wolfswelpen. Sie setzten sich jedoch früher untereinander ab, um einzeln an meinen Körper oder alleine an einer anderen Stelle zu liegen.
Die Auseinandersetzungen und das gegenseitige Abdrängen sowie die Futterfleischverteidigung war im gleichen Alter heftiger als bei Wolfswelpen anderer Art. In dieser Beziehung war eine gewisse frühere Reife zu erkennen, also eine schnellere Lebensentwicklung. Wie schon beschrieben, zeigten die Welpen nur zu den Menschen Sozialkontakt, welche sie vom Öffnen der Augen bis zur dritten Lebenswoche kennenlernten. Beim Kontakt mit anderen Menschen wurde sofort Fluchtverhalten eingeleitet. Die Scheu gegenüber Menschen wird von den erwachsenen Wölfen auf die Welpen übertragen oder sogar vererbt. Auch den sozialen Kontakt der Inder mit Menschen muß ich im Auge behalten und genau abschätzen bzw. beobachten, bis zu welchem Lebensmonat dieser insbesondere mit Kindern möglich ist. Schlechte Erfahrungen machte ich ja bei der Viererbande, den damals neun Monate alten Europäern. Erst im letzten Moment konnte ich einen plötzlich eingeleiteten Angriff direkt am Eingang des Geheges unterbrechen. Bis zu diesem Zeitpunkt spielten die Wölfe lieber mit den drei Jungen, die täglich mit uns zusammen die Wölfe ausführten, als mit uns.
In einem gewissen Alter ändert sich jedoch das Leben der Wölfe grundsätzlich. Das gibt ihnen ihr Instinkt vor, denn in diesem Alter jagen sie als

gleichberechtigte Rudelmitglieder im Rudel mit und sind keine Kinder mehr. Das Führen von Wölfen an der Leine widerstrebt mir, war aber bei den Indischen Wölfen unumgänglich. Im Gegensatz zu ihnen, konnte ich die Arktiswölfe frei im Gelände herumlaufen lassen, da sie nicht so schreckhaft waren. Wurden sie durch irgendeinen Umstand unsicher, kamen sie schutzsuchend zu mir zurück.

Das Gehege meiner drei Inder in der Größe von 3.400 qm war noch im Rohbau, als ich die Welpen aus dem Kölner Zoo holte. Bei der Fertigstellung halfen mir meine Mitarbeiter und Wolfsfreunde. Nur so war es möglich, daß unsere drei Inder schon am 24. August 1991 das für sie errichtete Freigehege beziehen konnten. Morgens um fünf Uhr verließen wir das Kasernengelände mit den Wölfen an der Leine. Meine Frau Erika, Christiane und Hildegard führten sie abwechselnd. Endlich würden sich Maharadscha, Ghandi und Monsun in ihrem neuen Gehege austoben können. Wir freuten uns für die Wölfe.

Schneller als alle anderen Wölfe in den Jahren vorher liefen die drei Jungen an der Leine die vier Kilometer zu ihrem Gehege. Vorsichtig und scheu verhielten sie sich, als wir es betraten. Anfangs blieben sie ganz in unserer Nähe, kein Wunder, denn im Nachbargehege leben die drei Europäischen Wölfe Igor, Puschkin und Micha. Igor, der Alphawolf, lockte zwar, aber die drei Indischen Wölfe reagierten verhalten, ganz anders als die Jungwölfe der anderen Unterarten. Diese liefen an den Zaun, wedelten mit ihren Lunten und nahmen Schnauzenkontakt. Das machten die drei Inder nicht. Ich möchte nicht sagen, daß sie die Älteren ignorierten, sie liefen nach einer Weile schon mal an den Zaun, einfach aus Neugierde. Aber der Beginn eines Sozialkontaktes war nicht zu erkennen.

Wölfe beider Rudel tragen oft Fleisch im Fang an den Zaun, um es direkt vor den Augen der anderen zu fressen, oder sie zeigen den anderen das Fleisch im Fang. Dies hat nichts mit einer sozialen Kontaktaufnahme zu tun. Seit Jahren beobachtete ich den gleichen Vorgang bei den Polar- und Timberwölfen. Die Polarwölfin nimmt Fleisch in den Fang und läuft damit auf und ab, um die Timberwölfe regelrecht zu reizen. Micha zeigt sich den Jungwölfen gegenüber aggressiv, Igor und Puschkin nicht. Auch hierin erweist sich die Verschiedenheit der einzelnen Wölfe. Gewiß ist es besser, die Gehege der einzelnen Rudel räumlich weiter auseinander zu bauen, in freier Natur gibt es ja auch Abstand zwischen den verschiedenen Rudeln. Aber die Forstverwaltung konnte mir nur diese beiden Großräume innerhalb des Kammerforstes zur Verfügung stellen. So blieb mir nichts anderes übrig, als Drähte entlang der Trennungszäune zwischen den einzelnen Rudeln zu spannen und diese unter Strom zu setzen, damit die Wölfe den Zaun nicht zerreißen oder sich gegenseitig verletzen. Solche Anlagen befinden sich zwischen den Arktis- und den Timberwölfen und jetzt auch zwischen den Indern und den Europäern. Die Stromstärke entspricht der von Weidezäunen.

In das Gehege der Indischen Wölfe ließ ich eine niedrige Schlafhütte aus Holz von dreieinhalb Metern Länge, eineinhalb Metern Höhe und zwei Metern Breite bauen. Sie wurde auf einen Betonpfosten gestellt und wegen der Bodenkälte mit Stroh ausgelegt. Seit dem 24. August 1991 übernachtete ich dort. Die Hütte war neu für die Wölfe, und sie kamen in der ersten Nacht nicht zu mir, sondern schliefen im Farn ganz in meiner Nähe. Am nächsten Tag aber ging Maharadscha zuerst in die Hütte, dann folgten Ghandi und Monsun. Sie waren neugierig, aber vorsichtig, als sie den Innenraum durchstöberten. Dann packten sie meine Schlafdecke mit ihren Fängen und zogen sie hinaus ins Freie. Am nächsten Abend kamen sie zu mir in die Hütte, sprangen jedoch wieder hinaus, um in der warmen Nacht draußen zu schlafen. Wenn es dann nachts kühler ist, liegt Maharadscha immer an meinem Fußende im Stroh, wo genügend Platz ist. Meist kommt er gegen Mitternacht wenn es draußen abkühlt. In der Morgendämmerung kommen die anderen beiden auch in die Kiste gesprungen. Sie suchen aber nicht mehr diesen innigen Körperkontakt wie als Welpen. Auch draußen liegen sie in der Mittagszeit weit auseinander im Farn und schlafen.

Am Tag ist die Hütte verschlossen, da sie mir drinnen zu viel Unordnung schaffen und alte Fleischstücke und Knochen, welche im Gehege herumliegen, hineintragen. Wenn ich aber am späten Abend komme und die Türe öffne, springen alle drei hinein und spielen mit mir und untereinander. Sie bringen Fleisch mit, das sie auf meine Brust legen und dann fressen. Dabei streiten sie, auf mir hin- und herspringend, um einen Knochen oder ein Stück Fleisch. Den Wölfen macht die Bodenkälte nichts aus, nur für mich ist es wichtig, daß ich nicht direkt auf dem Boden liege und unter der Hütte ein Luftpolster ist. Vereinzelt liegen auch Christiane, Hildegard oder Martin nachts bei den Wölfen in der Kiste, damit ich zwischendurch auch mal durch- und ausschlafen kann. Zu den dreien haben die Wölfe einen guten Kontakt, und es ist wichtig, daß gerade die scheuen Indischen Wölfe mit mehreren Menschen aufwachsen und allmählich ihre Scheu ablegen. Wie lange ich das zulassen kann, ist mir aber noch nicht klar, denn die Wölfe werden älter und verändern sich. Wenn sie sich meinen Mitarbeitern gegenüber dominant zu verhalten beginnen, ist Achtung geboten.

An den Wochenenden besucht uns relativ regelmäßig der dreizehnjährige Martin. Ich ermögliche ihm dann, daß er nachts bei den Wölfen schlafen kann. Von Anfang an hatten die Jungwölfe engen Kontakt zu dem Jungen. Wölfe mögen in diesem Alter im Spiel lieber Kinder als Erwachsene, ziehen aber mit zunehmenden Alter Kinder in ihre Rangkämpfe ein und handeln dann grob und abweisend ihnen gegenüber. Aus Erfahrung weiß ich, daß es zu einem regelrechten Abbeißen kommen kann, was nicht ungefährlich ist. Ein Wolf erkennt jede Schwäche des Anderen und unterdrückt ihn. Dies setzt bei den Indischen Wölfen früher ein. Denn sie unterschieden sich nicht nur in der Prägungs-

Die Indischen Wölfe sind sehr scheu.

zeit von allen anderen Wolfsunterarten, sie entwickeln sich auch schneller.

Als Welpen und Jungwölfe zeigen Wölfe einen sehr engen Zusammenhalt. Sie spielen miteinander, wobei einzelne Tiere sich einige Meter entfernen, dann aber umgehend wieder zu ihren Geschwistern zurückkommen. Das ist bei den Indischen Wölfen nicht zu beobachten. In der zehnten Woche schliefen sie schon nicht mehr alle drei bei mir in der Kiste. Sie trennten sich nach Auseinandersetzungen. Einer oder zwei blieben in der Kiste, oder sie schliefen im Gehege, aber dann auch an verschiedenen Stellen. Das entspricht nicht dem Zusammenleben anderer Wölfe dieser Altersgruppe, welche für gewöhnlich dicht zusammen um mich herum liegen. Dies kam besonders zum Tragen nach dem 24. August 1991. Ihr 3.400 qm großen Waldgehege ist etwa zur Hälfte mit Farn und Sträuchern bewachsen. Dazwischen liegen Baumwurzeln als Unterschlupf für die Wölfe. Der andere Teil des Geheges ist mit Mischwald ohne Unterholz bewachsen. In diesen Teil begeben sich die Wölfe erst bei Einbruch der Dunkelheit oder am frühen Morgen. Im Gegensatz zu den anderen Wolfsrudeln ziehen sie sich sofort zurück, wenn Besucher am Weg entlang gehen und beobachten sie aus dem Buschgelände. Manchmal ruhen sie tagsüber in Kontakt zueinander, ein anderes Mal liegt jeder für sich irgendwo unter einer Wurzel oder im Farn. So bewegen sie sich und beschäftigen sich zusammen, oft aber auch alleine. Dann kümmert sich der eine überhaupt nicht darum, was der andere macht, sondern geht seinen eigenen Weg.

Gewiß, bei anderen Wölfen macht auch nicht jeder Jungwolf zur gleichen Zeit das gleiche wie die anderen. Aber in der Regel sind sie zusammen. Verschiedene selbständige Betätigungen zur selben Zeit kommen bei den anderen Wolfsrudeln zum Teil erst im Spätherbst und im späteren Alter zum Vorschein. Aber nie sind sie so strikt separiert wie die Indischen Wölfe. Sie sind Rudelmitglied und zugleich Einzelgänger. Das Einzelgängertum erinnert mich an das Verhalten von Füchsen. Diese trennen sich im Herbst von der Füchsin und den Geschwistern, und jeder geht seine eigenen Wege. Gewiß kann man Wölfe nicht direkt mit Füchsen vergleichen, aber das frühe Verhalten der Indischen Wölfe erinnert stark an das der Jungfüchse. Dies deute ich so: Sind größere Beutetiere vorhanden, jagen die Indischen Wölfe im Rudel. Ist dies nicht der Fall und die Wölfe sind auf Kleintiere angewiesen, trennen sie sich, um sich schon in diesem Alter allein zu ernähren. Um dies genauestens zu recherchieren, bedürfte es einer Beobachtung in freier Wildbahn. Dazu wird es aber wahrscheinlich nicht kommen, da ja gerade diese Unterart besonders vom Aussterben bedroht ist.

Als ich mit einem sich mit Indischen Wölfen auskennenden Zoodirektor über deren Besonderheiten sprach, regt er zur näheren Bestimmung eine Blutuntersuchung an. Damit ist es aber nicht getan. Israelische Biologen machten bei ihren in kleinen Rudeln lebenden Wölfen Freilandbeobachtungen und kamen zu ähnlichen Schlußfolgerungen wie ich. Selten wurde ein Rudel von drei bis vier Tieren beobachtet, meistens waren sie alleine oder zu zweit. Das spricht für die laufende Trennung der Wölfe und den folgenden Zusammenschluß. Das Beuteangebot zwingt die Wölfe in diesen Gebieten, sich umzustellen und verschiedene Jagdmethoden auszuüben, im Rudel und als Einzelgänger. Das hat Veränderungen im Sozialverhalten innerhalb des Rudels zur Folge.

Die Natur hat über Jahrhunderte und Jahrtausende eine weit verbreitete Spezies je nach Region und den damit verbundenen Rahmenbedingungen in Körperbau, Jagdverhalten und Aussehen geprägt.

Nachtaktivitäten mit den Indischen Wölfen.

Sie fordert unterschiedliche Lebensformen, um das Gleichgewicht zu erhalten. Die Wölfe haben diese Forderungen angenommen, umgesetzt und haben überlebt. Hierzu sind Willen und Intelligenz erforderlich. Diese unterschiedlichen Lebensgrundlagen führen zur Verschiedenheit der einzelnen Wolfsunterarten. Die angesprochenen Blutuntersuchungen betrachte ich dabei eher als zweitrangig.

## Meine Inder

Maharadscha: Im Alter von etwa elf Tagen hatte er ein Drittel mehr Gewicht als seine beiden Brüder und war gleichzeitig der dominanteste. Ein Vielfraß, der rücksichtslos seine Geschwister abdrückte. Bis zum heutigen Tag ist er das dominanteste Tier. Ansonsten ist er ein ruhiger, aber vorsichtiger Wolf, der sich am besten daran gewöhnt hat, daß täglich viele Menschen am Gehege vorbeilaufen. Dabei liegt er oft außerhalb des Buschgeländes im freien Waldgelände und beobachtet. Er ist der einzige Indische Wolf, der von den Besuchern wahrgenommen werden kann. Mit ihm habe ich auch den ausgeprägtesten Sozialkontakt, den Alphatieren der anderen Rudel vergleichbar. Schnauzenkontakt habe ich allerdings mit allen dreien. Bei Milch und Futterknappheit wäre er derjenige gewesen, der überlebt hätte. Ein weiteres Indiz für seine Überlebensfähigkeit ist seine Anpassungsfähigkeit an die jeweils aktuelle Situation. Er paßt sich den Rahmenbedingungen seiner Umwelt an und geht relativ selbstbewußt mit ihnen um – das heißt er akzeptiert zum Beispiel die Präsenz von Menschen in seiner Umgebung.

Monsun: Er besitzt ein hektisches Wesen. Der Typus des Einzelgängers ist bei ihm am deutlichsten zu erkennen. Er ist meist alleine, übervorsichtig und mißtrauisch bei allem, was sich um ihn herum bewegt. Habe ich mich vorher mit Leuten vor dem Gehege unterhalten, was ja nicht ganz auszuschließen ist, und betrete dann das Gehege, so sichert er sich vorher ab, ob ja kein Fremder mit mir ins Gehege gekommen ist. Erst dann kommt er ganz vorsichtig herangeschlichen, um mich zu begrüßen, während seine Brüder meist schon lange bei mir sind. Von ihm habe ich wie von keinem anderen Tier gelernt, wie sich ein Wolf in freier Natur verhält, nämlich bestimmt durch vollkommenes Mißtrauen allem Fremden gegenüber. Es bleibt abzuwarten, ob er dies im späteren Leben beibehalten wird.

Ghandi: Als Welpe war er der Kleinste, jedoch der Impulsivste der drei Brüder. Er biß seine Brüder oft in den Hals, wenn es zu aggressiven Auseinandersetzungen zwischen ihnen kam. Er war immer hungrig, wenn es an die Milchquelle ging. Nur weil ich die Fläschchen einzeln gab, wurden er und Monsun gesättigt, sonst hätte Maharadscha den beiden alles weggesoffen. In der Vogelwelt würde man sagen, Maharadscha war der Kuckuck im Nest. Durch gute Ernährung kam Ghandi zu Kräften, wurde sogar frech gegen Maharadscha, der ihn aber dank seiner Körperkraft immer wieder herunterdrückte. Bis zu dem Zeitpunkt, an dem Ghandis Probleme mit den Augen begannen (s. S. 42), beherrschte er Monsun. Seither ist er unser Sorgenkind. Obwohl der Tierarzt und der hinzugezogene Augenspezialist alles Menschenmögliche unternommen hatten, um sein Augenlicht zu retten, kam es zur einseitigen Erblindung. Trotzdem rennt und spielt er mit seinen Brüdern im Gehege herum und hat in seinen Bewegungsabläufen kaum Schwierigkeiten. Nur Monsun nutzt es manchmal aus und streitet zum Beispiel mit Ghandi um ein Stück Fleisch. Dabei setzt sich Ghandi in der Regel durch und zieht sich mit seiner Beute zurück. Monsun greift dann blitzschnell von der rechten, blinden Seite an, um ihm das Fleisch zu entreißen und damit wegzulaufen. In freier Natur wäre Ghandi chancenlos und müßte verhungern. Aber das ist unter meiner Obhut nicht der Fall. Da sich das Tier sonst wohl fühlt, von den beiden anderen auch nicht drangsaliert wird, sehe ich keinen Grund, ihn nicht sein, wenn auch etwas behindertes, Wolfsleben leben zu lassen. Er ist für mich der gleiche Wolfskumpel wie die beiden anderen.

Ghandi.

Die jungen Indischen Wölfe haben ihre charakterlichen Eigenarten im Laufe der Entwicklung kaum geändert. Ihre wesentlichen Verhaltensweisen haben sie bis ins Alter von vier Jahren beibehalten. Laufend wechseln sie die Rudelkonstellation, treten einmal als Dreier-Trupp, dann als Zweier-Rudel in Erscheinung, bewegen sich aber meist als Einzelgänger. Ihre von mir im Welpenalter festgestellten Unterschiede gegenüber anderen Wolfsunterarten haben sich bestätigt. Den Vergleich kann ich täglich im Umgang mit ihnen und meinen Timber-, Polar-, und Europäischen Wölfen anstellen. Meine Langzeitbeobachtungen erfolgten unter gleichen Rahmenbedingungen vom Welpenalter an. Alle haben ein gleich großes Gehege, sprich gleichen Lebensraum, die gleichen Kontaktmöglichkeiten mit mir, gleiche Bewegungsmöglichkeiten im Gelände, die gleichen Anregungen und Lernimpulse, die gleichen Beutetiere, die gleiche Ernährung und damit die gleichen Entfaltungsmöglichkeiten.

Maharadscha ist der Dominanteste und auch der Kräftigste geblieben. Meine Mitarbeiter, welche die Welpen aufzogen, hatten weiterhin Kontakt zu den Wölfen. Doch kurz nach deren Ansiedlung im Freigehege attackierte Maharadscha Jürgen auf dieselbe Art wie er das normalerweise bei seinen beiden Brüdern tat. So konnte Jürgen nicht mehr das Gehege betreten. Auf die gleiche Art versuchten die Wölfe mit eineinhalb Jahren, Martin in ihre Rangkämpfe einzubeziehen. Hildegard gegenüber äußerte Maharadscha erst im Alter von zwei Jahren auf Wolfsart, daß er sie nicht mehr im Revier haben wollte. Ein Grund dafür war wohl, daß sie einige Male in den Abendstunden die Wölfe im Gehege mit Blitzlicht fotografierte. Am Tage war das Fotografieren sinnlos, da sie sich in Deckung befanden, um den Besuchern auszuweichen. In der Regel entscheiden Wölfe sofort, aber eine zeitlang ließ Maharadscha dies über sich ergehen. Mit Erreichen des Geschlechtsalters war ihm Hildegards „unwölfisches" Verhalten dann aber doch zuviel.

Hier stellt sich immer wieder das gleiche Problem, wenn auch von Wolfsunterart zu Unterart verschieden. Bei seiner Lösung spielt das Wesen des Alphawolfes innerhalb der einzelnen Rudel eine bestimmende Rolle. Wölfe aufziehende Menschen werden früher oder später in das Wolfsleben integriert, und vom Alphawolf wird dann beurteilt, ob und wie lange sie im Rudel geduldet werden. Warum und weshalb entscheidet der Führungswolf und nicht der Mensch? Das wollen und können Wölfe liebende Menschen oft nicht verstehen. Hier die liebevolle Aufzucht, dort das manchmal plötzliche Abweisen, oft ohne Übergang. Entscheidend sind in jedem Fall wölfische und nicht menschliche Gefühle. Diese wölfischen Gefühle sind zum Teil andersartiger und weitgefächerter als menschliche. Das habe ich in den vielen Jahren mit den Wölfen erfahren. Jedesmal beim täglichen Zusammentreffen mit ihnen sind sie anders.
Der Mensch denkt und plant, die Wölfe hingegen fühlen stärker und handeln aus ihrem Gefühl heraus emotional und treffend.

Bestimmt waren unsere Vorfahren den Wölfen ähnlicher als die Menschen unserer heutigen Zeit, welche ich oft als überzüchtete, naturentfremdete Supermarktraubtiere bezeichne. Verschiedene Wissenschaftler sprechen von einer großen Ähnlichkeit zwischen Mensch und Wolf nicht nur im Rudelverhalten. Jahrtausende dauerte es, bis der Mensch aus dem Wolf sein liebstes Haustier, den Hund, geschaffen hat. Aber das Leben mit und unter Wölfen blieb in den letzten Jahren nur wenigen Menschen vorbehalten. Bei dem vom Menschen gegenüber dem Wolf geschürten Haß wäre das früher auch gar nicht möglich gewesen. Nur das generelle menschliche Umdenken ermöglichte mir dieses Leben unter Wölfen in der heutigen Zeit. Vor etwa hundert Jahren wäre ich in eine Irrenanstalt eingeliefert worden. Noch früher hätte man mich getötet, denn in mir steckt ja ein Wolf und somit wäre ich sehr gefährlich gewesen. Unsere heutige Zeit denkt anders über den Wolf. Der alte Haß auf ihn ist gemildert. Nicht zuletzt, weil in den meisten Ländern kein direkter Nahrungskonkurrent des Menschen mehr vorhanden ist. Ein Umdenken hat also begonnen, wenn auch von Nation zu Nation noch unterschiedlich. Das fiel mir auch bei meinen Vorträgen über den Wolf im Wolfspark Merzig auf. Allerdings kann ein Teil der veränderten Einstellung der Menschen auch auf den Sensationswert bezüglich meiner Person und meines Lebens zurückgeführt werden. Aber in diesem Fall heiligt der Zweck die Mittel.

Alle Wölfe sind gleichermaßen geruchs- und gehörorientiert und warten schon an der Tür oder am Zaun auf mein Herankommen. Sie erkennen mich schon auf weite Entfernung. Selten suchen sie Deckung vor herannahenden Menschen, da sie an diese gewöhnt sind, in ihnen keine Gefahr sehen und sich darüber hinaus in ihren Gehegen sicher fühlen. Verschreckt reagieren sie nur, wenn Menschen vom Weg abkommen und quer durch den Wald laufen.

Bei den Indern ist dies jedoch grundsätzlich anders. Sie bleiben in Deckung, das heißt sie verlassen tagsüber das Buschgelände im Gehege nicht. Wenn fremde Personen in der Nähe sind, sind sie selbst dann vorsichtig, wenn ich das Gelände betrete. Daher gehe ich auf sie ein und spreche sie erst an, wenn ich im Unterholz bin, wobei ich mich hinknie und sie mir gegenüber untertänig Schnauzenkontakt aufnehmen. Nähert sich dem Gehege zum Beispiel eine lärmende Schulklasse, dann laufen die Wölfe tief geduckt, den Bauch so auf dem Boden schleifend, daß es sich fast schon um ein schnelles Kriechen handelt, in Deckung. Sie verstecken sich und beobachten.

Dafür sind die drei Inder aber stärker als alle anderen Unterarten abends, nachts und am frühen Morgen aktiv. Am Tag bewegen sie sich, wenn überhaupt, vorsichtig zwischen den Büschen, darauf bedacht, nicht gesehen zu werden. Gehe ich in das Unterholz, ohne sie anzusprechen, dann schleichen sie vorsichtig um mich herum mit dem Gefühl, da könne noch etwas anderes sein. Erst nach einer Weile werde ich zuerst von Maharadscha und dann von seinen Brüdern begrüßt. Lasse ich jedoch den Wolfssammelruf mit leiser hoher Stimme erklingen, springen sie sofort auf mich zu, um mir den Fang zu lecken. Sie haben also auch einen anderen Lebensrhythmus als die anderen Unterarten.

Während alle anderen Jungwölfe aus den verschiedenen Unterarten im Alter von fünf Monaten zum Teil noch verspielt ihr Rudelleben führen, sind die Inder bereits allein im Gehege unterwegs. Es hat den Anschein, als würden sie sich in freier Natur jetzt schon von den Älteren trennen. Ihre Spiele oder Kampfspiele sind immer nur von kurzer Dauer, dann geht jeder wieder seinen eigenen Weg. Während Wölfe anderer Unterarten nach der Fütterung nur ab und zu einmal Fleisch vergraben, wenn sie gesättigt sind, ist dies bei den Indischen Wölfen die Regel. Und zwar führen sie dies gleich durch, wenn ich die Fleischbrocken in das Gehege bringe. Sie fressen eine Kleinigkeit, dann packt jeder einen Brocken nach dem anderen und im Nu wird an verschiedenen Stellen im Gehege das Fleisch vergraben. Das steht im Gegensatz zu den anderen Wölfen, welche am liebsten frisches Fleisch verschlingen und älteres Fleisch nur ausnahmsweise, wenn es im Gehege herumliegt oder vergraben ist. Auch in der Art des Fleischfressens unterscheiden sich die Inder von den anderen Wölfen. In den Abendstunden, bei Einbruch der Dunkelheit, schleichen sie einzeln und mit gespitzten Ohren durch das Gehege und suchen, mit der Nase am Boden witternd. Dabei beschäftigen sie sich mit kleineren Knochen oder älteren Fleischstücken, die sie im Gehege finden oder ausgraben, und fressen diese im Stehen oder auf dem Boden liegend. Dies Art Beuteverhalten ist dem Fuchs ähnlicher als allen anderen Wolfsunterarten.

Im Aufzuchtgehege befanden sich die Wölfe in ruhiger Lage und hatten sich an meinen Gang, also an das Herannahen gewöhnt und wichen nicht aus – auch dann nicht, wenn ich mich tagsüber, ohne einen Ton von mir zu geben, ihnen näherte. Dies änderte sich aber grundlegend, nachdem die Wölfe im August in das große Waldgehege kamen. Obwohl dieses Gehege für die Wölfe genügend Auslauf und Deckung bietet, gewöhnen sich die Inder nicht wie alle anderen Wölfe an die zahlreichen Besucher, welche täglich an den Freigehegen vorbei laufen. Obwohl sie wie alle meine anderen Wölfe aufgewachsen sind, bleibt für sie der Mensch der Todfeind Nummer eins.

Am späten Abend, in der Nacht und am frühen Morgen, wenn kein Mensch im Wald ist, kommen sie mir im Gehege entgegen, auch ohne daß ich sie vorher anspreche. Dies ist am Tag nicht der Fall. Wenn ich sie anspreche, warten sie im Buschgelände auf mich, dann erfolgt eine kurze Begrüßung, und sie sind wieder verschwunden. Dagegen bleiben sie, wenn kein Fremder im Wald ist, auch schon einmal länger in meiner Nähe, um dann wieder einzeln oder zu Zweien ihrer eigenen Wege zu gehen. Um das Vertrauen der Wölfe nicht zu verlieren, änderte ich meinen Rhythmus. In ihren Augen verhielt ich mich ja wölfisch falsch. Ich stellte den Tagesaufenthalt im Gehege während dieser Lebensphase ein. Monsun läuft meist allein durch das Gehege, er ist auch der vorsichtigste Wolf. Maharadscha und Ghandi sind zwar oft allein, genauso oft aber auch zusammen. Wenn mich die Wölfe im Gehege begrüßen, dann kommen alle drei zu mir. Als erster Maharadscha, dann Ghandi und Monsun.

Im Gegensatz zu den anderen Wolfsrudeln, die im Alter von fünf Monaten noch ein regelrechtes Jungwolfrudel bilden, ist dies bei den Indischen Wölfen im gleichen Alter eher ein lockeres Zusammen- und Nebeneinanderleben. Diese lockere Bindung zeigen sie auch mir gegenüber. Während alle anderen Wölfe mich so etwa drei bis fünf Minuten lang stürmisch am Fang begrüßen, ist diese Zeremonie bei den Indischen Wölfen nur etwa eine halbe bis eine Minute lang.

Mancher Leser wird denken, hier werden Wölfe nach der Begrüßungszeremonie beurteilt. Sie haben Recht. Bei den Europäischen, Kanadischen und Arktischen Wölfen manifestiert sich in dieser Begrüßungszeremonie eine enge Rudelbindung mir gegenüber, dem höchsten Tier im Rudel. Obwohl ich bei den Indischen Wölfen auch an erster Stelle im Rudel stehe, herrscht bei ihnen nicht der unbedingte Rudeldrang wie bei den einzelnen anderen Wolfsunterarten. Auch wenn jeder der drei, wenn wir alleine sind, mir absolutes Vertrauen entgegenbringt, ist der Ablauf der Begrüßung immer wieder anders. Mal sind die Wölfe zusammen, begrüßen mich stürmisch am Fang und drängen sich dabei gegenseitig zurück (in erster Linie Maharadscha die beiden anderen); ein anderes Mal kommen sie einzeln langsam auf mich zu, als erster immer Maharadscha, begrüßen mich und gehen wieder ihre eigenen Wege. Auch

Aus dem Stand springend entreißt mir Monsun zwei Hühner.

hier zeichnet sich der Wolf im Rudel und als Einzelgänger ab. Nach meinen täglichen wie nächtlichen Beobachtungen bewegen sich die Wölfe etwa ein Viertel der Zeit im Rudelverband und drei Viertel als Einzelgänger. Wenn ich abends zum Aufzuchtgehege in der Kaserne ging und schon von weitem heulte, gaben mir die Wölfe Antwort. Sie heulten auch mit mir im Gehege, wenn ich anfing. Dies änderte sich nach ihrer Übersiedlung ins Freigehege. Stimmte ich das Heulen innerhalb des Geheges an, so sprangen sie winselnd und jaulend um mich herum, begannen jedoch nicht zu heulen, obwohl bei Beginn meines Heulens die anderen Wolfsrudel mitheulten.

War dies Unsicherheit, Vorsicht oder Angst – oder alles zusammen? Sie trugen dabei die Lunten zwischen den Beinen, bei den Wölfen eine Angsthaltung. Diese Reaktion ist durchaus verständlich, da es doch für meine drei Inder ein neuer Lebensraum war und rundherum auch noch drei fremde Wolfsrudel heulten, wohingegen sie doch bisher nur meine Stimme kannten. Das andere Wolfsheulen mußte ihnen feindlich erscheinen. Erst als ich in der Nacht zum 1. Oktober aus einer Entfernung von etwa 600 Metern heulte, gaben mir alle meine vier Wolfsrudel zur gleichen Zeit Antwort. Ich war überrascht und erfreut zugleich, als ich meine drei Inder heulen hörte. Das war nach fünf Wochen endlich ein Zeichen, daß sie sich in ihrer Freianlage jetzt sicherer fühlten.

Ein bei allen von mir aufgezogenen Wölfen geübtes Spiel war, ab und zu bei den Jungwölfen einen Gegenstand oder ein totes Tier mit ausgestrecktem Arm hochzuhalten. Die Wölfe sprangen danach, und ich stellte dabei die unterschiedliche Sprungkraft der einzelnen Wölfe fest. Dasselbe führte ich auch bei den älteren Wölfen mit der gleichen Absicht durch. Die Indischen Wölfe waren im Springen allen anderen überlegen. Wie sonst bei den ausgewachsenen Wölfen hielt ich stehend mit ausgestrecktem Arm ein totes Huhn hoch. Und siehe da, der fünf Monate alte Maharadscha sprang so hoch wie die ausgewachsenen Wölfe der anderen drei Wolfsrudel und packte das Huhn mit seinem Fang. Seine Geschwister sprangen auch mit, aber nicht ganz so hoch. Damit dies nicht falsch verstanden wird – ich führe nicht etwa Sprungdressuren bei den Wölfen der verschiedenen Unterarten durch. Dies dient einzig und allein der Gegenüberstellung von Indischen Wölfen und den anderen Unterarten.

Direkte Aufschlüsse über das Leben der Tiere erlangt man auch durch Beobachtungen am Beutetier. Alle Jungwölfe im Alter von fünf Monaten stritten sich um ein Kalb, Reh, Huhn oder einen Hasen, wobei die wesensstärkeren die anderen durch Drohgebärden und durch Körperkraft abdrückten. Trotzdem kamen auch die wesensschwachen nach kurzer Zeit an die Beute heran. Sie ließen sich nämlich nur kurz abdrücken, um dann gleich wieder von einer anderen Seite die Beute anzugehen. Dies war vor allen Dingen bei Kälbern und Rehen der Fall, denn wegen der Größe der Beutetiere konnten Alphawolf und Alphawölfin nicht zugleich an allen Stellen der Beute sein, so daß nach kurzem Gerangel jeder Wolf sich satt fressen konnte. Aber auch wenn ein Alphawolf ein Kaninchen oder ein Huhn im Fang hatte, ließen die anderen Wölfe des Jungwolfrudels nicht locker, bis sie einen Brocken abbekamen, wenn dies auch manchmal eine Weile dauerte.

Das stellte sich bei den Indischen Wölfen ganz anders dar. Maharadscha herrschte im Gehege wie ein Diktator. Brachte ich für jeden Wolf ein Kaninchen oder ein Huhn mit, dann holte er sich sein Beutetier, legte es ab und entriß seinen beiden Brüdern ihre Beutetiere, um alles auf einen Platz zu tragen. Sodann riß er mit seinem Fang die Beute am Bauch auf und fraß die Innereien heraus. Als ich von drei vor ihm liegenden Hühnern eines wegnahm, dieses in hohem Bogen Ghandi und Monsun entgegen warf, packte es Monsun und lief damit weg. Dabei wurde er von Ghandi verfolgt, und im gleichen Moment lief Maharadscha los, um Monsun das Huhn wieder abzunehmen. Erst wenn Maharadscha gesättigt ist und den Futterplatz verläßt, kommen die anderen beiden zu ihrem Fleisch. Bei all meinen anderen Wölfen kam das soziale Rudelverhalten am Beutetier immer zum Tragen.

Das Verhalten der Indischen Wölfe zeigt, daß diese in freier Natur eine andere Lebensweise und Beutetaktik haben. Ob dies jedoch im Großraum Indiens gleich ist oder von Landesteil zu Landesteil verschieden, entzieht sich meiner Kenntnis. Leider konnte ich nicht in Erfahrung bringen, aus welcher Gegend genau in Indien die Vorfahren meiner Wölfe stammen. Angeblich kommen sie aus Afghanistan. Unverständlich dagegen ist mir, daß die Eltern meiner Wölfe von einem deutschen Zoo an einen indischen verkauft worden sind. Warum und weshalb? Man ist doch sonst bemüht, Jungtiere vieler Tierarten aus freier Natur zu bekommen, da die Inzucht bei Wildtieren im Zoo weit verbreitet und somit eine Blutauffrischung nötig ist. Es könnte bedeuten, daß es in Indien inzwischen viel weniger Wölfe gibt, als in Schätzungen angegeben wird.

## Unterart ist nicht gleich Unterart

Wölfe sind Stimmungen und daraus folgenden Reaktionen genauso unterworfen wie der Mensch. So kümmert sich der Patriarch Maharadscha oft nicht darum, was seine beiden Brüder im Gehege unternehmen. Ein anderes Mal überwacht er alle Handlungen der beiden und verjagt sie vom Beutetier oder wenn sie gerade dabei sind, vergrabenes Fleisch wieder auszugraben. Dieser Wolf behauptet jetzt im Alter von sechs Monaten den von mir ermöglichten Lebensraum ganz für sich. Dies konnte auch meine Mitarbeiterin Hildegard Hoppe beobachten. Sie berichtete mir, daß Maharadscha hinter einem Baum lag, als Ghandi und Monsun vergrabenes Fleisch aus dem Waldboden scharrten. Sofort sprang Maharadscha hinzu und verjagte sie. Beide stellten daraufhin das Ausgraben ein.

Beutemachen und Vermehrung im Sinne der Arterhaltung sind für Wölfe von Natur aus vorgegebene Impulse, die für sie bestimmend sind. Indische Wölfe sind noch stärker bedroht in ihrem Lebensraum als andere Wolfsunterarten. Das sehe ich bei einer Gegenüberstellung des Verhaltens der jetzt halbjährigen Wölfe und meiner anderen Wölfe immer deutlicher. Während die von mir aufgezogenen Europäischen sowie Kanadischen Wölfe eine etwa gleiche Entwicklung zeigten, waren die Arktiswölfe länger verspielt und auch nicht so bestimmend untereinander. In ihrer Entwicklung im Welpen- und Jungwolfalter heben sich die Indischen Wölfe dagegen von den drei Wolfsunterarten vollkommen ab. Bei ständiger Beobachtung und Gegenüberstellung der anderen Unterarten zeigen die Inder im Alter von sechs Monaten ein Verhalten und Tätigkeiten, die bei den anderen Wölfen erst etwa im Alter von zwölf Monaten zu ersehen waren. Menschlich gesehen würde man dies als frühreif bezeichnen. Dazu kommt die Beobachtung, daß sie sich immer wieder als Einzelgänger hervortun, somit eine gewisse Selbständigkeit zeigen, was bei den anderen Wölfen überhaupt nicht der Fall ist. Bei diesen ist ganz im Gegenteil der für Wölfe so typische absolute Rudeldrang zu beobachten. Das Verhalten der drei Inder deutet darauf hin, daß sie sich bei Beutemangel schon in diesem Alter trennen und allein auf Beutesuche gehen.

Auch Trummler (in GEO Heft 6, 1986) schrieb darüber: Indische Wölfe leben meist in einer kargen beutearmen Landschaft und bilden keine größeren Familienverbände. Zusätzlich sind die Welpen ständig in der Gefahr, durch Greifvögel geschlagen zu werden. Solche Umweltbedingungen fördern eher einzelgängerische Züge und begünstigen Tiere, die rasch erwachsen und selbständig werden.

Eine Frage, die ich mir immer wieder stelle, ist, warum die Sprungkraft der Indischen Wölfe die der anderen Unterarten übertrifft. So sind Maharadscha und Monsun jetzt mehrmals mit einem Anlauf von etwa drei Metern über mich hinweggesprungen, als ich mich aufrecht gehend durch das Gehege bewegte und einen Knochen in der Hand hochhielt. Als ich dies erlebte, war ich sprachlos. Vergleicht man den Körperbau, haben die Indischen Wölfe dünnere Läufe, sind schlanker und ihre Gangart und der Lauf sind lockerer als bei den anderen Wölfen. Die Sprünge werden von den Wölfen federleicht durchgeführt. Aber warum hat die Natur diese Wölfe so geschaffen? Wegen der dort lebenden Beutetiere, die sie zum Teil nur durch Einsatz der Sprungkraft erlegen können? Anders ist das nicht zu erklären. Auch Anschleichen und Springen sind ein Teil ihrer Kampfspiele und werden weitaus ausgeprägter und schneller vollzogen als bei den anderen Unterarten.

Unterart ist nicht gleich Unterart. Das ist manchen Menschen zwar klar, den meisten jedoch nicht. Die Vergleiche von vier in größeren Freigehegen lebenden Unterarten geben darüber mehr Aufschluß, als es bei vergleichbaren Beobachtungen im Zoo möglich ist. Hinzu kommt, daß in Zoologischen Gärten in der Regel nur eine Unterart gehalten wird, die oft auf engstem Raum vegetieren muß. Meinen Wölfen habe ich großzügige Freianlagen bauen lassen und Bedingungen geschaffen, die den Tieren ein naturnahes und artgerechtes Leben ermöglichen. Wölfe in freier Natur zu beobachten, ist sehr schwierig, da man sie nur sehr selten zu Gesicht bekommt.

Wenn ich nun nachts von weitem im Wald heule, geben mir jetzt auch die Inder, nachdem das Rudel acht Wochen im Freigehege ist, zusammen mit den anderen drei Rudeln Antwort. Sie brauchten eben eine längere Eingewöhnungszeit. Jetzt fühlen sie sich ausreichend sicher in ihrem Revier und haben sich auch an das Vorhandensein der anderen Rudel gewöhnt. Da das Heulen der Wölfe ja auch Revieranzeige und Abgrenzung bedeutet, scheint jetzt das Revier für die Indischen Wölfe festzuliegen. Ängstliche und unsichere Wölfe heulen nicht. Mehrmals, wenn ich das Wolfsgeheul im Gehege der Indischen Wölfe anstimmte, antworteten sie mir nicht mit Heulen, sondern ähnlich wie Hyänen. Diese Stimmen kenne ich noch aus meiner Tätigkeit als Raubtierpfleger in der Stuttgarter „Wilhelma“. Dort hatte ich zwei ausgewachsene Streifenhyänen zu betreuen und bekam nach dem Verkauf der einen mit der anderen regelrechten Sozialkontakt. Während die Hyänen ein wiederholtes kurzes „Ähähäh“ in mittlerer Tonlage von sich geben, klingen die Stimmen bei den Indischen Wölfen in einer höheren Tonlage. Dabei wirken Hyänen wie auch die Indischen Wölfe aufgeregt, sammeln sich und es kommt oft zu Aggressionen untereinander.

Nach meinen Beobachtungen ist diese Lautgebung weniger eine Verständigung, sondern eher Ausdruck einer momentanen Stimmung. Manchmal dauert diese ganz kurz, kann sich aber auch zwei bis drei Minuten hinziehen. Ähnlich, aber nur ganz kurz und in etwas tieferer Tonlage habe ich diese Lautgebung auch schon bei Europäischen und Timberwölfen gehört, wobei es dort aber sofort zu Auseinandersetzungen kommt. Bei meinen Arktiswölfen war das nicht zu beobachten.

Bei den Europäischen, Arktischen und Timberwölfen stelle ich seit Jahren fest, daß von den Wölfen gegrabene Höhlen nur von den Wölfinnen belegt werden und dies auch nur zur Geburt der Welpen. Diese Wölfe sind also keine Höhlenbewohner wie etwa Füchse. Ältere und Jungwölfe graben ab und zu ein Loch im Waldboden, stellen aber in den Gehegen nur eine, manchmal auch zwei bis drei Höhlen für die Wölfin fertig. Dann sucht sich die Wölfin ihre Wurfhöhle aus, und die anderen Höhlen dienen bei Beunruhigung von Außen als Wechselhöhle. Mehrmals konnte ich schon beobachten, daß die Alphawölfin als Erste zu graben begann und dann von dem Alphawolf und anderen Wölfen abgelöst wurde. Im sandigen Waldboden ist solch eine Höhle oft schon in einer Nacht fertiggestellt. In der Regel graben die Wölfe am späten Abend und in der Nacht, selten habe ich sie am Tage dabei beobachtet. Da ich auch nachts zu bestimmten Zeiten in den Gehegen bin, bekomme ich diese Aktivitäten mit. Es wird in den Revieren der Wölfe, wo es sie in freier Natur noch gibt, nicht anders sein.

Demgegenüber machte ich bei meinen drei Indern ganz andere Beobachtungen. Schon im Alter von fünf Monaten begannen sie nachts, eine Höhle zu graben, welche in einer Woche fertig war. Dann erfolgt der Bau einer zweiten Höhle. Bei Tageslicht konnte ich kein Graben der Wölfe beobachten. Tagsüber zeigen Indische Wölfe wenig Aktivitäten.

Maharadscha und Monsun streiten sich (harmlos!) auf meinem Rücken – erschrocken zieht Ghandi die Lunte ein.

Sie ruhen lieber in einem Versteck und kommen auch ungern heraus, wenn ich das Gehege betrete. Ja, sie sind direkt vorsichtig, sichern nach allen Seiten und kommen in tiefer Schleichhaltung. Deshalb habe ich mich auf sie eingestellt und betrete erst bei Dunkelheit das Gehege, wo sie schon im offenen Wald am Eingang auf mich warten und stürmisch an mir hochspringen und, wenn ich mich hinknie, am Fang durch Ablecken begrüßen. Die überwiegende Zeit bin ich auch nachts im Gehege und schlafe in einer kleinen Schutzhütte. Anfang Oktober kommen die Drei nur noch zu mir in die Schlafhütte, wenn es stark regnet. Am frühen Morgen, wenn ich aus der Kiste krieche, sind sie alle zugegen und zeigen mir gegenüber wieder ihre Untertänigkeit, spielen mit mir und untereinander. Als ich am 10. Oktober 1991 das Gehege betrat, um das Wasser im großen Becken zu wechseln, begegneten mir nur Maharadscha und Monsun. Wo war Ghandi? Ich suchte eine halbe Stunde nach ihm, aber er war nicht zu finden. Da begann ich, das Wolfsgeheul anzustimmen, und siehe da, er kam aus einer der Höhlen und schüttelte den Sand aus seinem Fell. Seit dieser Zeit beobachte ich täglich, daß entweder Ghandi oder Monsun in einer der Höhlen verschwinden. Maharadscha ist nicht in den Höhlen zu finden, er liegt die meiste Zeit verdeckt hinter dem gleichen dicken Baumstamm.

Es ist eindeutig, daß es sich um Deckungs- oder Versteckhöhlen handelt. Sie sind auch nicht wie die etwa zwei bis drei Meter langen Wurfhöhlen angelegt, die in einem Wurfkessel enden. Sie haben vielmehr eine Länge von etwa einem bis anderthalb Meter und sind dann zur Seite ausgebuchtet, um einem Jungwolf Schutz zu bieten. Wenn man in die Höhle schaut, ist der Jungwolf nicht zu sehen. Gleiche Schutzhöhlen waren bei meinen drei anderen Unterarten nicht zu beobachten. Dies spricht dafür, daß der Indische Wolf am Tag zum Teil Höhlenbewohner und schon in diesem Alter auf sich allein gestellt ist. Auch dieses Verhalten weicht vollkommen von dem der anderen Unterarten ab, bei denen man sich niemals einzeln, ohne Kontakt zum Rudel zu haben, versteckt. Dafür ist das Rudelverhalten zu stark ausgeprägt. Anders bei den Indern.

Die drei Inder jetzt wieder friedlich miteinander.

Die ständige Verfolgung und Vernichtung durch den Menschen hat besondere Eigenarten hervorgebracht. Wölfe können sich genau wie Menschen durch Jahrtausende, Jahrhunderte und Jahrzehnte an äußere Einflüsse und Situationen anpassen und entsprechend reagieren. Nur deshalb gibt es noch einige Wölfe der Indischen Unterart in freier Natur. Aber ihr Lebensraum wird immer weiter eingeschränkt und das Überleben zunehmend schwerer. Deshalb zeigte sich bei meinen drei Welpen und Jungwölfen auch ein so aggressiver Lebenskampf mit starkem Verbiß am Hals, wie ich ihn bei anderen Wolfswelpen und Jungwölfen nie erlebt habe. Nach meinen jetzigen Beobachtungen ist die Welpenphase bei den Indischen Wölfen weitaus entscheidender als bei den anderen Wölfen. Die Welpen und Jungwölfe regeln unter sich, wer dieses Alter überlebt.

Bei Einbruch der Dunkelheit ist von den drei Jungwölfen erstaunlicherweise Ghandi, der an einem Auge Erblindete und am anderen Auge stark Sehbehinderte, am aktivsten. Er läßt seinen beiden Brüdern keine Ruhe und fordert sie immer wieder zu Kampfspielen heraus, animiert sie zur Verfolgungsjagd in dem Waldstück und überwindet gut alle Hindernisse. So schließe ich daraus, daß bei Dunkelheit die Sinnesorgane für Geruch und Gehör in der Kommunikation untereinander und auf Beutejagd die entscheidensten und am stärksten ausgeprägten sind. Bei Ghandi ist das rechte Auge erblindet. Will er nach rechts sehen, muß er den Kopf drehen. In freier Natur hätte er das Lebensalter von sieben Monaten bei dieser Körperbehinderung keinesfalls erreicht. Da er sich sichtlich wohl fühlt trotz seines Handikaps und er wie seine beiden Brüder ein Kumpel ist, hoffe ich, daß wir noch lange zusammenleben werden. Trotz allem ist er nach Maharadscha in der Rangordnung der zweite Wolf im Rudel. Monsun weicht bei Auseinandersetzungen vor Ghandi aus. Die Wesens- und damit verbundene Willensstärke setzt sich durch. Oft ist Ghandi in der Nähe von Maharadscha und als zweiter Wolf am Futter. Obwohl er von Maharadscha anfangs verdrängt wird, setzt er sich, wenn dieser seinen ersten Hunger gestillt hat, als zweiter Wolf durch. Erst dann gelangt Monsun an das Fleisch.

## Beobachtungen in der Zeit vom 12. bis zum 18. Lebensmonat

Nachdem mir klargeworden ist, daß Indische Wölfe in der Regel nachts aktiv sind und am Tag Deckung suchen und irritiert sind, betrete ich das Gehege tagsüber nur, wenn es aus irgendwelchen Gründen unbedingt sein muß. Sie kommen dann zwar kurz zur Begrüßung, verschwinden aber im nächsten Moment einzeln in verschiedene, nicht einsehbare Verstecke. Von dort beobachten sie ihre Umgebung oder schlafen. Inzwischen haben sie sich an die Besucher gewöhnt, lassen sich aber selten sehen und wenn, dann nur am frühen Morgen oder am späten Abend. Wichtig ist für diese Tiere, daß es in ihrem Gehege viele Deckungsmöglichkeiten gibt. Den elektrischen Draht am Gehege hätte ich mir ersparen können. Nur auf engem Raum gehaltene Wölfe ohne Deckungsmöglichkeit werden leicht neurotisch und versuchen dann bei jeder Gelegenheit auszubrechen. Sie sind als Schauobjekte dazu verdammt, laufend durch Besucher beunruhigt und beobachtet zu werden.

Indische Wölfe sind in ihrer Menschenscheu am empfindlichsten, da sie in ihrer Heimat rücksichtslos verfolgt werden. Deshalb freut es mich ganz besonders, daß es mir dank meiner großen Erfahrung im Umgang mit Wölfen gelungen ist, die Eigenheiten dieser Unterart erkannt zu haben. Auf ihren Lebensrhythmus habe ich mich eingestellt und bin so auch ein Nachtwolf geworden. Die gleichen Begegnungen, welche ich mit meinen anderen Wolfsunterarten am Tage habe, pflege ich mit meinen Indischen Wölfen nachts. Die Tiere warten auf mich und beriechen meinen Körper nach Fremdgerüchen. Wenn diese nicht vorhanden sind, springen sie mich freudig an; sollten aber doch welche an mir haften, zeigen sie sichtlich Mißtrauen und halten Abstand. Gerade bei den Indischen Wölfen muß ich auf die Einhaltung der Anzugordnung achten und immer den gleichen Anzug ohne Fremdgeruch tragen, zum Beispiel den Geruch eines anderen Wolfsrudels oder unserer Hunde. Ein frisch gewaschener Anzug hingegen trägt für die Wölfe keinen Fremdgeruch.

Auch die Fütterung findet nachts statt. Sie fressen viel ruhiger und vergraben das Fleisch nicht gleich, wie sie es sonst am Tage taten. Halte ich zum Beispiel ein totes Reh am Bein fest und deute an, selbst an dem Beutetier fressen zu wollen, dann packen sie zu und reißen Fleischbrocken heraus. Dies machen am Tage alle meine Wölfe, die Indischen hingegen nur bei Nacht oder tagsüber verdeckt im Buschgelände. Am Tag versuchen Maharadscha oder Ghandi aufgeregt, mir das Beutetier so schnell wie möglich zu entreißen und es in Deckung zu ziehen. Monsun hält sich am Tage ganz zurück und packt erst zu, wenn seine Brüder die Beute in Deckung gezogen haben. Nachts ist es bei ihnen ganz anders. Monsun kommt dann sofort mit seinen Brüdern an das Beutestück heran, um seine Fleischbrocken herauszureißen. Sind die Wölfe sehr hungrig, reißen sie mir selbst ein Schaf oder ein Reh aus den Händen. Obwohl sie nicht so kräftig sind wie die anderen Wolfsunterarten, sind sie doch sehnig und haben im Fang die gleiche Kraft. Wenn sie am Beutetier einmal zugepackt haben und ich es festzuhalten versuche, dann haben sie mich, genau wie die anderen Wolfsunterarten, schon oft samt dem Beutetier über den Waldboden geschleift. Ich kann das Beutetier dann nicht mehr halten und lasse los. Haben sie den ersten Hunger gestillt, knie ich mich neben ihnen nieder, und sie fressen ruhig weiter. Bringe ich Futter und sie sind nicht so hungrig, dann fressen sie, und ich tue so, als würde ich mitmachen. Keiner von ihnen hat jemals versucht, mir dabei in die Hände oder Arme zu beißen, wenn ich die Beute festhalte. Das macht keiner meiner Wölfe.

## Das Begrüßungsritual

Meist läuft eine Begegnung folgerndermaßen ab: Ich betrete das Gehege, die Wölfe begrüßen mich. Nach der Begrüßung hole ich das zerkleinerte Fleisch, welches ich im Kübel vor dem Gehegeeingang stehen habe, und kippe es auf den Waldboden. Es ist immer genügend Futter da, und alle Wölfe können satt werden. Natürlich gibt es dabei Gerangel, wobei die Rangordnung des Rudels zum Tragen kommt. Ich werde darin nicht einbezogen. Denn durch die Übereinstimmung zwischen den Wölfen und mir ist ein Vertrauensverhältnis entstanden, eine Kumpanei, wobei ich als das höchste Tier zähle. Am Anfang meiner Wolfsforschung war ich noch ein Oberwolf, der sich gegenüber dem Alphawolf durchsetzen mußte. Dies liegt lange zurück. Inzwischen habe ich mich durch das tägliche hautnahe Zusammenleben mit den Wölfen verändert, indem ich selbst wölfisches Verhalten angenommen habe. Zum anderen fällt es mir immer leichter, die Struktur und die Zusammenhänge des Rudels sowie die Taktik der einzelnen Wölfe zu deuten. Das Leben unter den Wölfen ist für mich immer durchschaubarer geworden. Diese hochsensiblen Tiere haben das erkannt, und ohne jede von mir ausgehende körperliche Gewalt, sehen sie in mir den höherstehenden Wolf. Obwohl ich das höchste Tier im Rudel darstelle, bin ich doch ihren Gesetzen vollkommen unterworfen. Mit Betreten des Geheges bin ich einer von ihnen. Menschliche Regungen haben da keinen Platz. Das Wolfsrudel lebt in einer totalen diktatorischen Hierarchie, welche von dem wesensstarken Alphawolf ausgeht. Nur dieses System sichert in freier Natur das Leben und Überleben eines Wolfsrudels. Dort kennen Wölfe auch keinen Ober- oder Ehrenwolf. Der Alphawolf ist das höchste Tier mit den besten Führungseigenschaften, also zum Führen geboren. Nur der Wesensstarke, Schlaue und mit einer Wolfsintelligenz den anderen Überlegene kann führen und taktieren. Dies ist auch bei meinen Wolfsrudeln nicht anders. Ich habe und ich beanspruche keinen Führungseinfluß in meinen Wolfsrudeln, sie sollen ihr angeborenes, von der Natur vorgegebenes Wolfsleben führen.

In jedem Rudel muß ich mit dem Alphawolf klarkommen, und dies funktioniert schon seit Jahren. Die Alphawölfe führen ihre Rudel und begrüßen mich durch Schnauzenkontakt. Bei den Indischen Wölfen geschieht das schnell und hastig. Wer von den anderen Wölfen zu mir darf, regeln die Wölfe untereinander. Dabei gibt es schon einmal Keilereien. Oft dürfen rangniedere Wölfe überhaupt nicht zu mir, da sie von den anderen heruntergedrückt werden. Nie gehe ich zu einem schwachen Wolf, dies würde das Rudelgefüge durcheinander bringen. Nachdem ich dieses System erkannt habe, ist die Grundlage geschaffen, als Ehrenwolf von meinen Wölfen anerkannt zu werden. Diese Stellung in den verschiedenen Wolfsrudeln ermöglicht es mir, wie wohl keinem anderen Menschen, hautnah mit diesen Tieren zu leben. Dieses Zusammenleben fasziniert mich, und trotz jahrelanger Erfahrung gibt mir ihr differenziertes soziales Leben immer wieder neue Rätsel auf. Jede Unterart unterscheidet sich von der anderen. Vor allen Dingen wird mir immer klarer, wie sehr das soziale Leben des Rudels von der Persönlichkeit des Alphawolfs abhängig ist. Strahlt dieser Ruhe aus, überträgt sich dies auf das ganze Rudel. Ist er nervös, so reagiert auch das Rudel entsprechend.

Ganz anders ist dies bei den Indischen Wölfen. Sie sind in erster Linie Einzelkämpfer. Zwar sammeln sie sich, spielen kurz miteinander, streiten sich, indem sie sich gegenseitig am Hals packen und herunterdrücken, und trennen sich wieder. Im Gehege bewegt sich dann jeder wieder in seinem Drittel. So haben sie sich das Revier aufgeteilt. Kommt ein anderer in diesen Revierbereich, gibt es jedoch keine Auseinandersetzung.

Wie ich gelesen habe, sollen ausgewachsene Wölfe ein Gewicht von 20 kg haben. Obwohl nicht so gewichtig wie die anderen Wölfe, wiegen meine

Sobald ich nachts das Gehege betrete, kontrollieren mich die Wölfe nach Fremdgerüchen.

drei Inder doch zwischen 30 und 40 kg. Dies mag wohl am Futterangebot liegen.

Im zweiten und dritten Lebensjahr beobachte ich, daß sie nicht mehr wie vorher nur ein Stück Fleisch fressen und das andere gleich vergraben, sondern sich viel ruhiger am Futter verhalten. Fleisch wird nach wie vor eingegraben, aber nicht mehr sofort. Scheinbar haben sie verstanden, daß kein Raubvogel es ihnen stiehlt. Auch Verletzungen, wie sie sich sie als Welpen gegenseitig beibrachten, bleiben nun vollkommen aus. Machtdemonstrationen untereinander sind zwar geblieben, doch lebt in der Regel jeder für sich. Es geschieht nur noch selten, daß Monsun und Gandhi vor Mahardscha ausweichen. Wer ein Stück Fleisch oder ein kleines Beutetier ergattert hat, verteidigt es, und dies wird von den beiden anderen akzeptiert.

## Meine drei Einzelkämpfer als erwachsene Wölfe

Maharadscha: Er ist nach wie vor der stärkste Wolf, hat aber die Macht, welche er als Welpe besaß, nicht weiter ausgebaut. Im Gegensatz zu seinen beiden Brüdern. Diese unterwerfen sich ihm jetzt weitaus weniger oder auch gar nicht mehr. Auch diese Konstellation weicht von den anderen Wolfsunterarten ab. Maharadscha hebt wohl beim Pinkeln das Bein nach Art eines Alphawolfes, doch wird das von den beiden anderen kaum akzeptiert. Maharadscha läßt sich von den beiden nichts gefallen und sie sich nichts von ihm. Zwar setzt er seine Körperkraft gegen seine beiden Brüder ein – er ist etwa 10 kg schwerer –, aber das genügt ihm als Erfolg. Am Tage bleibt er gern allein, ebenso wie seine Geschwister. Er liegt immer an der gleichen Stelle hinter einem Baum und beobachtet die Besucher oder schläft. In der Dämmerung trifft er seine Brüder, aber schon nach kurzer Zeit schnürt wieder jeder für sich durch das Gelände. Ein Zusammentreffen ist eher zufällig und kurz.

Ghandi: Er fühlt sich bei Sonneneinstrahlung nicht wohl. Das hängt mit seiner inzwischen vollkommenen Erblindung zusammen. Er scheint dann Schmerzen zu haben, deshalb liegt er am Tage im Schatten. Erblindete Menschen tragen eine dunkle Brille. Die Begrüßung bei den Dreien erfolgt nicht wie bei den anderen Wölfen, wo mich als erster der Alphawolf begrüßt. Manchmal kommt zuerst Maharadscha zu mir, oft sind es aber auch Ghandi oder Monsun. Jedesmal aber folgen alle drei kurz aufeinander. Dann kommt es vor meinem Gesicht, wenn ich mich hingekniet habe, zu einer

Drohgebärden bei Wölfen sehen für uns Menschen gefährlich aus, sind es aber in den seltensten Fällen.

Keilerei. Ghandi fühlt sich oft durch seine Sehbehinderung in die Enge getrieben und beißt rücksichtslos um sich. Ich muß aufpassen, nichts abzubekommen. Einmal hat er mich am Kopf erwischt. Sonst zeigen mir gegenüber alle drei Untertänigkeit. Die Begrüßung ist meist schnell und heftig. Trotz Ghandis Behinderung lockt er oft nachts seine beiden Brüder zum Spiel und zum Rennen, wobei er den anderen in der Beweglichkeit und beim Überspringen von Baumstämmen in nichts nachsteht. Gleiches beobachtete ich vor Jahren bei dem blinden Arktiswolf Polar. Wölfe tun sich da leichter als blinde Menschen, da ihre stärksten Sinneskontakte über Geruch und Gehör zustandekommen. Ghandi bewegt sich bei Nacht besser im Gehege als am Tage. Trotzdem glaube ich kaum, daß ein blinder Wolf in freier Natur überleben kann.

Monsun: Er ist ein ganz anderer Typ Wolf und der vorsichtigste von den dreien. Tagsüber zieht er sich gänzlich zurück. Er liegt entweder in einer Höhle oder versteckt im Unterholz. Obwohl seinen beiden Brüdern das Gehege ein Gefühl der Sicherheit vermittelt, bleibt er nach wie vor skeptisch und mißtrauisch gegenüber allen Fremden. Gerade an ihm kann ich beobachten, wie sich ein Indischer Wolf in freier Natur bewegt. Maharadscha und Ghandi sind schon mal tagsüber im Unterholz zu sehen. Alle bei mir herangewachsenen Wölfe verloren die Furcht vor ihrem Todfeind, dem Menschen, die drei Inder jedoch nicht, und das, obgleich die Aufzucht und Wachstumsbedingungen die gleichen waren. Ein Freigehege für Indische Wölfe muß unbedingt über Unterholz und Büsche verfügen, damit sie sich tagsüber verstecken können. Hier im Merziger Wolfspark haben die Indischen Wölfe ein großes bewaldetes Gehege. Wie aber mag es in manchem Zoo aussehen?

## Die Indischen Wölfe im Alter von fünf Jahren

Inzwischen ist bei mir 1993 ein Rudel Sibirischer Waldwölfe und 1995 ein Rudel Polarwölfe aufgewachsen. Es zeigt sich deutlich, wie sich Wolfswelpen, Jungwölfe und heranwachsende Wölfe verhalten. Trotz aller individueller Abweichungen und Unterschiede bleiben generelle Gesetzmäßigkeiten und Abläufe bestehen. Ich habe mich auf sie eingestellt und mich in das Rollenspiel eingepaßt. Nur so funktioniert das Leben unter meinen verschiedenen Wolfsunterarten. Sobald ich ein Freigehege betrete, bedarf es jedesmal eines inneren Umschaltens und Einstellens auf die jeweilige Wolfsunterart. Im Gegensatz zu den anderen Wolfsunterarten hatten die Indischen Wölfe mir gegenüber nur im Welpen- und im Jungwolfalter einen durchgehenden sozialen Rudelkontakt. Schon bald zeigten sie auch untereinander Selbständigkeit. Körperliche Kommunikation durch Anstupsen war schon innerhalb des Welpenrudels kaum zu beobachten. Später kam es wohl einige Male zu einem kurzen Anstoßen von Maharadscha durch Ghandi und Monsun. Aber es blieb selten, da sich Maharadscha ablehnend verhielt. Beim Erwachsenwerden ging dies immer weiter zurück. Im Unterschied dazu ist diese Kontaktform bei den anderen Wolfsarten das gesamte Leben über zu beobachten und wird sowohl dem Alphawolf wie auch mir gegenüber geübt. Dies spricht für das enge Rudelleben und ist bei Welpen und Jungwölfen als Futterbetteln zu deuten, später als Untertänigkeitsbezeugung dem ranghöchsten Wolf gegenüber, vor allem bei Hunger, um ihn durch Zwicken in die Fangwinkel zum Aufbruch auf Beutetiere zu bewegen. Da ich für sie nicht nur der oberste Wolf im Rudel bin, sondern auch gezwungenermaßen der Jagdwolf, haben sich alle Wölfe, außer den Indischen, mir gegenüber auf die gleiche Art verhalten, wenn ich sie versuchsweise kurze Zeit hungern ließ. Da ich während dieses Versuches das Gehege drei bis vier Tage nicht betrat, zwickten sie zuerst den Alphawolf in die Fangwinkel. Wenn ich dann das Gehege betrat, taten sie es an meinem Fang. Bei den Menschen heißt das wohl Mund. Die Wölfe sprangen an mir hoch und zwickten mir stürmisch mit ihren Vorderzähnen in die Fangwinkel. Das war eine unübersehbare Aufforderung: Tu was, wir haben Hunger. Entsprechend brachte ich ihnen kleine oder gößere Beutetiere ins Gehege. Meine Wölfe müssen nicht hungern, Fleisch habe ich genug, aber ich wollte ihre Reaktion sehen und erleben, wie sich ein Wolfsrudel dem höchsten Wolfstier gegenüber bei Hunger verhält. Der Ausfall dieser kommunikativen Gebärde bei Indischen Wölfen spricht für ihr Einzelgängertum.

Für die Annahme, daß Indische Wölfe in Kleinrudel-Trupps (zwei Wölfe) oder oft einzelgängerisch jagen, sprechen auch folgende Vorfälle. Nachdem Maharadscha meine Mitarbeiter, welche mit mir das Rudel aufgezogen hatten, nacheinander aus dem Revier verwiesen hatte, setzte er auch einen Angriff auf mich an. Aber ich war darauf gefaßt und trat ihm blitzschnell unters Kinn. Sichtlich überrascht zog er sich zurück. Eine direkte Unterstützung durch seine Brüder erfolgte nicht. Aber gerade das wäre typisch für Rudelverhalten gewesen. Ich hatte es bei einem Rudel Europäischer und einem Rudel Timberwölfe bei zwei durch die Alphawölfe Igor und Iff eingeleiteten Attacken erlebt. Auch das spricht für das Einzelgängertum der Indischen Wölfe. In den anderen beiden Fällen hatte ich die Angriffe abblocken können. Bei Wölfen wird in Sekundenschnelle entschieden, und was entschieden ist, bleibt gültig. Der jeweils eingeleitete Rudelangriff kam nicht zum Tragen, da der Alphawolf blitzschnell abgeblockt wurde. Das Rudel stellte sich wieder um, der jeweilige Alphawolf und sein Rudel akzeptieren mich weiter als ihren zweibeinigen Oberwolf. Beide Angriffe waren durch mich verschuldet. Einmal hatte ich während des Beginns der Ranzzeit im Gehege gepinkelt und beim anderen Mal wurde das Rudel durch ein japanisches Fernsehteam genervt, das von einem Kranwagen aus von oben über den Zaun filmte.

Maharadscha ist das dominanteste und wesensstärkste Tier geblieben. Wir beide haben eine eigenartige Partnerschaft. Wenn ich das Gehege betrete, bleiben die Wölfe vorerst in Deckung. Doch sobald ich inmitten des Geheges bin, setze ich mich auf den Waldboden und schon kommen die Wölfe angesprungen. Maharadscha riecht zuerst an mir und reibt sich stürmisch mehrmals hintereinander an meinem Kopf. Besonders verrückt ist er dabei, wenn ich vom Friseur komme und der Kopf mit Birkenwasser eingerieben ist. Anschließend läuft er um mich herum, hebt das Bein und steckt mir gegenüber sein Revier ab, scharrt mit den Läufen auf dem Waldboden, läuft weiter und tut so, als wäre ich gar nicht da. Anschließend kommen Ghandi und Monsun, riechen an mir, nehmen kurzen Körperkontakt zu mir auf und laufen weiter. Diese, nennen wir es mal Begrüßung, erfolgt bei den beiden nicht etwa wie bei den anderen Wolfsrudeln der Rangordnung nach. Es ist ganz verschieden, wer zuerst bei mir ist. Wenn der Zweite kommt, dann geht der Erste weg. Oder es kommt zu einer kurzen Auseinandersetzung zwischen den beiden, und jeder läuft anschließend seinen Weg. Manchmal geschieht es auch, daß alle drei zur gleichen Zeit bei mir sind. Dann verbeißen sie sich kurz, es handelt sich dabei allerdings mehr um eine Drohgebärde als um einen wirklichen Kampf, drängen sich gegenseitig ab und laufen einzeln davon, als würden sie gar nicht zusammengehören. Gebe ich kleinere Beutetiere, zum Beispiel Hühner, in das Gehege, schnappt sich zuerst Maharadscha eines und verschwindet, dann sind die beiden anderen an der

Reihe, die mit ihrer Beute in gegenseitige Richtungen weglaufen. Ein größeres Beutetier, z. B. ein Reh, greift sich Maharadscha und frißt sich satt. Erst wenn er das Beutetier liegen läßt, kommen die anderen beiden und ziehen den Rest auseinander. Jeder frißt für sich. Wieder ist ein von den anderen Wolfsrudeln unterscheidbares Verhalten zu erkennen. Selten fressen sie an einem größeren Beutetier gemeinsam und wenn, dann nur ganz kurz und hastig.

Bei Naturstämmen gehen überwiegend Männer im Trupp auf die Jagd nach größeren Beutetieren. Auf der Insel Ceram (Molukken) beobachtete ich aber bei den Nunusaku, daß die Jäger alleine gingen, begleitet von einem oder zwei Hunden. Das einsame Jagen ist auch von den Buschmännern in der Kalahariwüste bekannt.

Fünf Jahre bin ich nun mit diesen Indischen Wölfen zusammen und habe dabei einen Einblick in ihr Leben gewonnen. Wir haben uns aufeinander eingestellt. Ihre absolute Scheu vor den Menschen haben sie abgelegt. Ab und zu kommen sie schon mal den Besuchern des Wolfsparkes zu Gesicht. Aber wie lange hat es bis dahin gedauert? Maharadscha hat eine nicht ansteckende Hautpilzkrankheit, die ich erfolgreich mit Tabletten behandele. Vor zwei Jahren war sie bereits einmal ausgebrochen, doch waren Haut und Fell nach längerer Behandlung wieder gesundet. Um Maharadscha die vom Tierarzt verordneten verschiedenen Mittel täglich zu geben, und das drei bis vier Monate lang, stellte ich die Futtergebung um. Kleine Fleischstücke werden geschnitten und aus nächster Nähe den Wölfen gezielt zugeworfen. Die Taktik funktioniert gut. Maharadscha fängt die ersten Fleischstücke hochspringend auf und verschluckt mit dem Fleisch die Medikamente. Zur gleichen Zeit versorge ich seine beiden Brüder. Der erblindete Ghandi steht dann unmittelbar in meiner Nähe. Aus einer Entfernung von dreißig bis fünfzig Zentimetern kann er das Zugeworfene fangsicher orten. Bei ihm muß ich bewußt schnell sein, da er mir schon zweimal beim Zupacken die Finger berührte. Andererseits sind seine schnellen Reaktionen bei völliger Blindheit erstaunlich. Bei Maharadscha und Monsun ist es gleich, auf welche Entfernung ich ihnen das Fleisch zuwerfe. Sie springen hoch und fangen es in der Luft. Dabei wechseln sie laufend die Plätze, denn jeder will auch das für den anderen bestimmte Fleischstück schnappen. Ghandi dagegen steht in der Regel ganz in meiner Nähe am gleichen Platz. Diese Futteraktion geht wölfisch schnell und gierig vor sich. Indem ich ihre Lebensweise, ihre Taktiken, ihre Art des Lebens übernommen habe, komme ich gut klar mit meinen drei Indern.

Meine Indischen Wölfe haben ein großes Gehege, viele Deckungsmöglichkeiten, sind nicht zusammengepfercht und können sich ausweichen. Eine Daueraggression untereinander in einer Gruppe von über zehn Indischen Wölfen, wie ich sie in einem kleinen Gehege im Zoo von Wien vor Jahren beobachten mußte, kann sich hier im Wolfspark Merzig nicht aufbauen. Hätte ich eine Wölfin im Gehege, wäre es mit Maharadscha zu einer Verpaarung gekommen, und mit Bestimmtheit wären Monsun und Ghandi abgedrückt worden. Doch ich habe hier keine großen Ausweichmöglichkeiten, um neue Freigehege für Indische Wölfe zu bauen, obwohl dies erforderlich wäre, um noch einiges über diese Tiere in allen ihren Lebenssituationen zu erfahren. So bleibt nach wie vor die Erforschung dieser Tiere entsprechend karg. Bei Freilandbeobachtungen würde es viele Jahre dauern, mehr über diese scheuen, fast nur nachtaktiven Wölfe herauszufinden. Trotzdem bin ich erheblich weitergekommen im Wissen um das soziale Leben dieser in Kleinrudeln lebenden Tiere und in der Erkenntnis ihrer Individualität.

# Europäische Wölfe

## Ein Rudel stirbt aus, das neue wächst heran

Das am 7. Mai 1981 geborene Rudel, deren Eltern aus dem ehemaligen Jugoslawien kommen, nannte ich „Siebengestirn". Es waren fünf Wölfe und zwei Wölfinnen, mit denen ich in enger Verbundenheit lebte. Es war bisher mein größtes Rudel Europäischer Wölfe (über dieses Rudel habe ich eingehend in dem Buch „Der Wolfsmensch" berichtet). Zwei dieser Wölfe, nämlich Igor und Micha, erreichten fast das hohe Wolfsalter von 14 Jahren, die anderen starben schon vorher. Es ist wie bei uns Menschen, nicht ein jeder wird 90 Jahre alt. Micha starb im Februar und Igor im März 1995. Igor war mein Professor. Er war der Alphawolf und somit der Führerwolf des Rudels, also eine ausgesprochene Wolfspersönlichkeit. Da blieb es nicht aus, daß es in den vielen Jahren unseres Lebens oft zu Differenzen zwischen uns beiden kam. Durch ihn bin ich eigentlich ein Wolf geworden, und durch ihn habe ich gelernt, daß menschliche Gefühle und Deutungen aus menschlicher Sicht im Zusammenleben mit Wölfen fehl am Platze sind. Je mehr ich wölfisches Verhalten von ihm angenommen habe und je stärker ich mich von ihm korrigieren ließ, desto besser verstand ich das Wolfsleben.

Ein Mensch, der in einem Wolfsrudel lebt, muß in erster Linie auf den Alphawolf eingehen und dessen wölfische Persönlichkeit erkennen. Jeder Führungswolf ist in seinem Wesen anders. Das gilt auch für die anderen Wölfe und Wölfinnen im Rudel. Doch habe ich in einem in den Rangstrukturen festgelegten Rudel mit den anderen Wölfen weniger zu tun. Es sind eben Mitläufer. Versuche ich etwa, sozialen Schmusekontakt mit ihnen aufzunehmen, dann bringe ich das Gefüge des Wolfsrudels durcheinander. Ein wesensstarker Alphawolf, wie es Igor war, wird einen Angriff auf mich ansetzen, und das gesamte Rudel wird mich angreifen. Bei einem plötzlich auf mich eingeleiteten Angriff des Alphawolfes wird auch jeder andere Wolf auf mich einbeißen, der mir noch vorher im Zeichen der Untertänigkeit den Fang geleckt hat. Wolfsgesetze sind eben keine Gemeinderatssitzungen, sie sind bestimmend und nicht abstimmend. Dies alles und noch vieles mehr habe ich von Igor in dessen langem Wolfsleben gelernt und sofort aufgenommen.

Igor war auch der einzige Wolf in vielen Jahren, der mit mir alleine heulte. Denn obwohl der Oberwolf und der Alphawolf anstimmten, heulte das Rudel nicht immer mit. Von jung an bestand diese enge Verbindung und änderte sich auch nicht nach unserer Auseinandersetzung. Sein Heulen drückte jedesmal Freude aus, wenn ich das Gehege betrat. Ein vierbeiniger, von der Natur erschaffener und ein zweibeiniger, aus eigenem Entschluß gewordener Wolf brachten ihre Verbindung zum Ausdruck. Heulte er mit mir alleine, dann riß er den Rachen so weit auf, daß der letzte Backenzahn zu sehen war. Der aber ist beim üblichen Rudelheulen nur selten zu sehen. Wie gesagt, eine innere Verbundenheit kam zum Tragen, eine Gefühlsübertragung. Fast 14 Jahre waren wir zusammen. Als Igor und Micha älter wurden, wurde das Heulen für sie zunehmend anstrengend, da die Kraft nachließ.

Das Heulen läßt sich mit der menschlichen Kommandosprache nicht nur beim Militär, sondern auch in vielen Bereichen des zivilen Lebens vergleichen. Darüber sprach ich kürzlich mit meinem engen 85jährigen Freund Professor Hermann Wedekind, dem ehemaligen Intendanten der Theater in Basel und Saarbrücken. Wir kennen uns schon viele Jahre. Er hat von mir das Heulen erlernt, ich aber von ihm leider nicht das Singen. Uns verbindet eine grenzüberschreitende Freundschaft. Er meint immer wieder: „Du singst mit den Wölfen, das finde ich toll". Klar, ein Theatermensch sieht das aus seiner Sicht. Seiner Meinung nach ist die Sprache ein Ausdruck der Persönlichkeit, des Willens und der Machtdemonstration. Laut seiner Aussage muß er sich als Intendant auf der Bühne wie ein Pfau bewegen und nicht etwa wie ein Spatz.

Den Führungswölfen ist dieses majestätische Gebaren und Lautgeben von der Natur geschenkt. Menschen können dies jedoch auch erlernen, meinte Hermann Wedekind. Tatsächlich! Während meines Wachmeisterlehrganges beim Bundesgrenzschutz wurden wir vor die Front befohlen und mußten kommandieren. Immer wieder wurden wir von dem Ausbilder angeschrien: „Das ist zu leise, ich höre Sie nicht. Nach rückwärts weg, marsch, marsch! Achtung, geben Sie nochmals Kommando!" Man zwang uns praktisch, laut und deutlich zu befehlen. Anfangs dachte ich, ich sei in einer Irrenanstalt gelandet, erst später erkannte ich den Sinn. Eine klare, deutliche Kommandosprache vor der Front erwirkt sofortige Übermittlung. Entsprechend gibt es in den verschiedenen Berufen, selbst in denen eines Intendanten und eines Wolfsforschers, Vergleichbares. Menschen in Führungspositionen besuchen Rhetorikkurse. Im Wolfsrudel ist es klar: Der Führungswolf hat unter all seinen anderen allgemeinen Voraussetzungen auch eine starke Stimme mitzubringen; sie untermauert im Rudel seine Macht.

Als ich mich entschloß, 1993 ein neues Rudel Europäischer Wölfe aufzuziehen, vergrößerte ich das große Freigehege mit einem geräumigen Nebengehege für zwei Wölfe. Auf Grund des fortgeschrittenen Alters von Igor und Micha konnte die Zusammenführung auch mißlingen. Diese Vorbereitungen erwiesen sich später als sinnvoll.

Die Aufzucht eines Wolfsrudels bedarf einer gewissen Planung. Man muß die Welpen in einem gewissen Alter bekommen, außerdem müssen Personen bereit sein, ihnen anfangs alle zwei Stunden das Fläschchen zu geben. Die erste Station dieser Aufzucht ist unser Wohnzimmer, da sonst kein geeigneter Raum vorhanden war. Freiwillige Frauen, Christiane aus Berlin, Hildegard aus Düsseldorf, Kerstin aus Münster und Despina aus Paris standen zur Verfügung. Erika, meine Frau, die noch berufstätig war, kam abends und früh morgens zum Einsatz. Meine Wenigkeit war immer vorhanden, da die Welpen mit mir von Anfang an sozialen Kontakt aufnehmen sollten.

# Die Aufzucht beginnt

Aus Bielefeld und Stendal hatte man mir zugesagt, Welpen abzugeben. Doch keiner kann voraussagen, wann und wieviele Welpen zur Welt kommen und ob sie überleben. Da spielen verschiedene Faktoren mit. Die Tragezeit beträgt 63 Tage, aber wann hat die Wölfin aufgenommen?

Da bekam ich den Anruf, daß im Wildfreigehege von Bielefeld am 29. April 1993 Welpen rumänischer Herkunft geboren wurden. Am 7. Mai, im Alter von acht Tagen, holte Hildegard dort drei männliche Welpen ab und brachte sie in ihrem Auto nach Merzig. Sie versorgte die Welpen schon unterwegs, so wie sie es von mir bei der Aufzucht der Polarwölfe und der Indischen Wölfe erlernt hatte. Das warme, mit einem Heizkissen versehene Lager stand in meiner Wohnung bereit. Obwohl Wölfe später vollkommen kälteunempfindlich werden, sind sie als Welpen sehr wärmebedürftig. Bis zur dritten Lebenswoche bekommen sie alle zwei Stunden am Tag und in der Nacht Hundeaufzuchtmilch. Daran anschließend alle zwei Stunden bis Mitternacht und Ruhe bis sechs Uhr morgens. Ab der dritten Woche bekamen die Europäische Wölfe das erste Fleisch. Polarwölfen gab ich es erst ab der vierten bis fünften Woche, da sie eine längere Entwicklungsphase haben. Am 14. Lebenstag hob einer der Welpen sein Köpfchen und heulte mit seiner Kinderstimme, als die alten Wölfe vor unserem Haus heulten. Einen Tag später machten die ande-

Angeregt durch das Heulen des direkt am Haus lebenden Wolfsrudels, begann Nicky mit 14 Tagen zu heulen – und ich heulte mit.

Don beobachtet die Krähen im Gehege.

ren beiden das gleiche. Sie führten dies drei- bis viermal hintereinander durch, dann wurde es ihnen anscheinend zu anstrengend und sie brachen ab.

Das gleiche habe ich bei der Aufzucht anderer Welpen auch schon festgestellt. Ab dem zwölften Lebenstag öffnen sie die Augen, erstes Wuffen und Knurren untereinander ist festzustellen. Am zwölften Lebenstag gab ich den von den Wölfen erlernten Wolfssammelruf, einen bei geschlossenem Fang summenden Ton, von mir. Ich hatte mich dabei auf den Fußboden gelegt. Die Welpen reagierten sofort, nahmen die Töne auf, drehten sich im Kreis, konnten die Richtung schwer erkennen. Erst als sie unmittelbar in meiner Nähe waren, folgten sie der richtigen Richtung. Es war nicht klar, ob der Ruf oder Geruch ausschlaggebend waren. Nach drei bis vier Tagen kamen sie zielstrebig zu mir gerannt bzw. auf dem Bauch gekrochen oder wackelig angelaufen. Mit dem 17. Lebenstag machten sie Erkundungsgänge durch das Zimmer und zeigten Fluchtverhalten gegenüber fremden Menschen und Geräuschen. In der dritten bis vierten Woche liefen die Welpen schon nicht mehr mit wackligen Beinen. Von Tag zu Tag wurden sie flinker. Dann war auch der Zeitpunkt für mein nächtliches Schlafen mit den Welpen gekommen. Denn sollte ich bei aller Vorsicht dabei einmal auf einem Welpen zu liegen kommen, war der nun in der Lage, sich bemerkbar zu machen oder auszuweichen. Denn zwischen der leiblichen Wolfsmutter und mir gibt es doch erhebliche Unterschiede im Schlafverhalten. Zu diesem Zeitpunkt setzten sie auch ihre Fänge während des Spiels untereinander ein. Auch konnten sie sich jetzt selbst am Körper mit den Pfoten kratzen. Vorher fielen sie dabei immer um. In der vierten Woche scharrten die

Welpen, nachdem sie gesättigt waren, im Zimmer auf dem Teppichboden. Dann legten sie sich auf die Stelle zum Ruhen.

Also bereits in diesem Alter wird das spätere Scharren einer Schlafmulde „geübt“. Es vollzog sich allerdings nicht regelmäßig und zur gleichen Zeit. Manchmal scharrte der eine, dann wieder ein anderer. Genau so läuft es auch in einem Rudel erwachsener Wölfe ab. Werden sie von der Wölfin aufgezogen, dann liegen sie in diesem Lebensabschnitt nach dem Säugen noch bei der Wölfin in der Höhle. Die drei Wölfe bekamen die Namen Nikita, Stephan und Alek. Die Namensgebung ist deshalb wichtig, damit man sie schon als Welpen als einzelne Individuen unterscheiden kann. Es sind also keine Rufnamen. Ein Wolf läßt sich nicht wie ein Hund rufen. Erst am 21. Mai 1993 bekam ich den Anruf aus Stendal, daß dort fünf Welpen geboren waren. Das paßte mir gar nicht in mein Konzept, lagen doch drei Wochen der Entwicklung zwischen den Welpen. Normalerweise werden Wolfswelpen Ende April, Anfang Mai geboren. Aber ich sagte zu, die Welpen zu nehmen. Waren doch Frauen anwesend, welche mich bei der Aufzucht unterstützten. Milch und Fleisch war auch genügend vorhanden. Aufzuchtplatz für die ersten vier Wochen ihres Lebens in unserem Wohnzimmer war auch gegeben. Trotz allem bedeutete es doppelte Arbeit, Einfühlungsvermögen und Konzentration. Das Gehege für ein großes Rudel war vorhanden. Sollte das Aufwachsen der beiden Wolfsrudel in dem Aufzuchtgehege wegen des Altersunterschiedes nicht klappen, so standen noch die Hundeboxen in der Kaserne zur Verfügung. Für längere Ausmärsche war jedoch die Zeit nicht vorhanden. Doch gelang es mir, am Rande der Kaserne ein 3.500 qm großes Gelände zu bekommen, damit sich die Wölfe austoben konnten und somit auch artgerechter an Beutetiere herankommen konnten, die ich für sie an Ort und Stelle tötete.

In meinem Auftrag setzte sich die Diplombiologin Christiane von der Humboldt-Universität Berlin mit der Tiergartenabteilung in Stendal in Verbindung, übernahm am 1. Juni 1993 die dort geborenen fünf Welpen und brachte sie zusammen mit einem weiteren Biologenkollegen in ihrem Kleinbus nach Merzig. Es handelte sich um vier männliche und ein weibliches Tier. Um die Versorgung der Wölfe unterwegs brauchte ich mir keine Gedanken zu machen, da Christiane seit langen Jahren mit mir zusammenarbeitet und bereits mehrmals bei der Aufzucht von Wolfswelpen mit-

Wenn Wölfe in der Annäherung durch den Schnee hintereinander laufen, tritt der Hintere immer in die Spur des Vorderen.

geholfen hatte. Wichtig war vor allem, daß Christiane gesunde Welpen nach Merzig brachte; denn in diesem Lebensalter, etwa bis zu dem Zeitpunkt, an dem Wölfe das erste Fleisch fressen, sind sie sehr anfällig für Krankheiten – in erster Linie für Durchfall.

Im Schichtdienst arbeiteten wir in der gleichen Besetzung wie vorher in Tag- und Nachteinteilung. Gute Fürsorge für die Tiere und Einfühlungsvermögen waren vorhanden. Gleich am ersten Tag in Merzig bekamen die Welpen ihre Namen. Zuerst natürlich das weibliche Tier, so bestimmten es meine Mitarbeiterinnen. Es waren alles sehr selbstbewußte Frauen, die zu führen oft schwieriger war als die Männer auf meinen Expeditionen in die verschiedenen Erdteile. Oberwolf zu sein ist wesentlich leichter, denn Wölfe sind direkter, sie kennen keine Intrigen. Unsere Wölfe bekamen die Namen Kalinka, Juri, Gregor, Gorbi und Don. Wohnzimmer und Nebenzimmer waren jetzt zu einem regelrechten Wolfsbau geworden. Acht junge Wolfswelpen laufend zu versorgen, Kot und Urin zu beseitigen, war unsere Aufgabe. Dazu gehört schon eine Menge Tierliebe, aber anders war den Umständen entsprechend diese Aufzucht nicht durchzuführen.

Sobald die Welpen ins Freie können, wird jedesmal eine Großreinigung und Entsorgung der Bodenbeläge durchgeführt. Das obliegt dann meiner Frau. Dann sage ich im Spaß zu ihr: „Du hast mit mir und den Wölfen den Fang Deines Lebens gemacht.“ Dies ist alles nur möglich, weil auch sie die Tiere gerne hat und zu meinem Leben unter Wölfen steht.

Für mich ist solch eine Aufzucht von Wolfswelpen direkt aufopfernd, aber unumgänglich. Wenn ich später mit ihnen leben will, muß ich in der Aufzuchtphase stündlich mit ihnen zusammen sein. Zwischendurch müssen aber auch noch die anderen Wolfsrudel versorgt werden. Ohne eine gewisse Faszination und Einfühlungsvermögen kann ein Mensch dies gar nicht bewältigen. Mit einem Hobby ist das in keiner Weise zu vergleichen. Berufung, Standhaftigkeit, Langzeitinteresse, Durchhaltevermögen und das Ablegen von Bequemlichkeiten sind einige Grundlagen. Von vielen Bekannten und Außenstehenden wird man als exzentrischer Außenseiter abgestempelt. Ich kann das verstehen. Es stört mich in keiner Weise. Was von der Norm der heutigen überzivilisierten Gesellschaft abweicht, ist für viele nicht normal. Ein der gängigen Norm entsprechender Mensch war ich noch nie, habe auch nicht die Absicht, dies je zu werden. Ja, ich lebe zum großen Teil in einer anderen Welt, eben der Welt der Wölfe.

## Aus zwei Rudeln soll eines werden

Wie wurde nun aus den jeweils drei und fünf Welpen ein Wolfsrudel? Die Welpen hielt ich getrennt in der Wohnung, war stundenweise Tag und Nacht bei den einen, dann wieder bei den anderen, um eine Geruchsübertragung durch meine Kleidung herzustellen. Am dritten Tag ihrer Anwesenheit nahm ich Gregor aus der Kiste und brachte die im Zimmer herumlaufenden drei, jetzt fünf Wochen alten Welpen, durch den Wolfssammelruf zu mir. Sie rochen interessiert an Gregor, den ich in der Hand hielt. Das sah ganz gut aus für die erste Begegnung. Doch plötzlich biß Alek Gregor in das Genick. Dieser schrie und ich nahm ihn schnell weg. Nach diesen Anzeichen hätte er ihn mit Sicherheit getötet. Der erste Rückschlag für mich. Ich stellte mir die Frage, wie das Rudel zusammengebracht werden konnte. Schwierigkeiten bei Bauern, welche ältere und jüngere Ferkel zusammensetzen wollten, waren mir bekannt. In diesem Fall liefen zwei kleinere Ferkel hin zu älteren und

Wölfe unter sich.

größeren, wurden aber von diesen getötet und aufgefressen. Kannibalismus ist unter Schweinen bekannt. Ältere Bauern sagten mir, wenn sie Ferkel von zwei Mutterschweinen zusammenbringen wollen, welche etwa die gleiche Größe haben, dann besprühen sie diese vorher mit Maggi, damit sie denselben Geruch haben. Das sollte nun also klappen. Bei Wölfen kann ich mir so etwas nicht vorstellen, bei Wildschweinen eigentlich auch nicht. Wolf ist nicht Schwein, Schwein ist nicht Wolf, aber in den Reaktionen gegenüber Jungtieren eines anderen Wurfes sind sie ähnlich. So beginnt der Rudel- bzw. Rottenkampf schon bei den Wolfswelpen und den Frischlingen der Wildschweine. In der Regel hat ja nur eine Wölfin im Rudel Welpen. Somit gibt es in der freien Natur keine solche Auseinandersetzung, wie ich sie erlebte. Wenn bei den Wildschweinen die Leitbache in die Ranzzeit kommt, werden alle anderen Bachen in der Rotte auch rauschig. So kommen die Frischlinge zur gleichen Zeit auf die Welt. Im Verband halten sich die Frischlinge immer in der Nähe ihrer Bache auf. Im Gegensatz zu den Wölfen führt bei den Wildschweinen eine Bache die Rotte an. Das weiß ich von meinem Freund Dr. Heinz Meynhardt, dem Wildschweinexperten. Er lebte bei ihnen und war als Oberbache anerkannt. Als er bei mir mehrmals die Wölfe filmte, hatten wir diese Fachgespräche. Im Spaß meinte ich, er sei eine Oberbache und ich ein Oberwolf.

Das Außengehege war nun vorbereitet, der Umzug erfolgte in der fünften Lebenswoche. Die Welpen sind robust genug geworden und können mit mir in einer kleinen Hütte des Aufzuchtgeheges im Stroh übernachten. So hatten wir auch mehr Platz in der Wohnung, und die fünf Welpen aus dem Tierpark Stendal konnten auf die gleiche Weise wie ihre drei Vorgänger aufwachsen. Auch ihre Funktionen konnten in gleicher Art beobachtet werden, und immer wieder erstaunt es mich, wie weit doch Wölfe gleichaltrigen Hunden gegenüber voraus sind.

Genau wie alle anderen Europäischen Wölfe bekamen die fünf im Alter von drei Wochen das erste Fleisch aus meinem Fang, wobei mir Kalinka im ersten Fleischrausch in die Lippen biß. Bis zu diesem Alter ähneln Wolfswelpen in ihren Bewegungen, obwohl sie von Tag zu Tag hastiger ihre Milchfläschchen trinken, Hundewelpen, die schon wesentlich älter sind. Dann aber, wenn sie das erste Fleisch riechen, werden sie sofort gierig.
Zu registrieren ist eine gewisse Selbständigkeit, zugleich auch ein rücksichtsloses Abdrücken des

anderen zum eigenen Überlebensvorteil. Das hat ihnen die Natur bei ihrer Geburt schon mitgegeben und es kommt in diesem Alter überzeugend zur Geltung. Im Lebenskampf der Wölfe überleben nur die Tiere, die sich aufgrund ihrer Wesensstärke den anderen gegenüber durchsetzen. Das Futterangebot der Alttiere in diesem Alter regelt, wieviele Wölfe das Welpen- und später das Jungwolfsalter überstehen oder aufgrund von Unterernährung sterben. Nur die Stärksten sind in der Lage, im kommenden Winter als gleichwertige Jagdwölfe im Rudel mitzujagen. Ganz hart gesehen sind die anderen in gewissem Sinne Trainingspartner, denen gegenüber ab der dritten Lebenswoche das Gesetz des Stärkeren geltend gemacht wird (sie werden dem Darwinschen Gesetz vom Überleben des Stärkeren zufolge ein Opfer der Auslese). Nur so ist es zu verstehen, daß sich Wölfe in freier Natur erfolgreich gegenüber dem Menschen, ihrem Urfeind, behaupten können.

D. I. Bibikow schrieb in seinem Buch „Der Wolf“: „Er verfolgt sie auf ‘bestialische’ Weise. Mit seinem ´normalen´ Jagdverhalten, von der Einzeljagd mit Gewehr, mit Anpirschen an die Wolfshöhle und Aussitzen auf dem Hochstand, ja selbst mit Treibjagden erlegt er nur 10% der im Jahr getöteten Wölfe. Das spricht für die Schlauheit der Wölfe. In den letzten Jahrzehnten kamen zusätzlich und überwiegend technische Bekämpfungsmethoden zur Anwendung. So wurden laut einer Statistik in der ehemaligen UdSSR vom Hubschrauber aus 33,4%, von Motorschlitten aus 5,2%, durch vergiftete Köder 5,5% der Wölfe getötet – blutrünstiger Mensch, nicht Jäger. Die anderen Wölfe tötete man durch Entnahme aus Wurfbauten, Sommerjagden, also Abschießen von Jungwölfen und mit Fangeinrichtungen. Kanada unterscheidet sich hier kaum von Rußland.

Was soll ich als Mensch, der so eng mit Wölfen zusammenlebt, dazu sagen? Der in Rußland erfolgte Abschuß von Wölfen aus einem Hubschrauber war im Fernsehen zu sehen. Aufgrund des technischen Fortschrittes haben Menschen einen Grad der Hinterhältigkeit erreicht, der nicht mehr zu überbieten ist. Gewiß, die Jagd gab es schon immer, auch eine gewisse List mußte der Mensch anwenden. Aber wie mir in Usbe-

Alpha-Wolf Gorbi und Alpha-Wölfin Kalinka. Wir drei sind unzertrennlich.

kistan mehrmals erzählt wurde, mieten sich dort schießwütige Geschäftsleute einen Hubschrauber und schießen auf alles Wild, das sich auf dem Boden bewegt. Anderswo ist es nicht anders: Für Geld kann man an den richtigen Stellen alles haben. Der Mensch ändert immer mehr die Gesetze der Natur auf seine Weise. Das Gleichgewicht der Natur wird nicht respektiert und anerkannt, sondern ist schon durcheinandergebracht. So müssen junge Wölfe schon lernen, daß bei Bewegung auf freier Fläche die Greifvögel mit den Motorengeräuschen ihre größten Feinde sind. Diese Greifvögel sind viel gefährlicher als ein Adler. Dieser tötet im Sturzflug einen Hasen, oder in wenigen Fällen einen Wolfswelpen. Die Greifvögel mit dem Motorengeräusch können mit einem Mal ein ganzes Wolfsrudel von der Bildfläche verschwinden lassen. Das tut der Mensch – die Krone der Schöpfung.

Meine fünf Welpen verließen im Alter von vier Wochen die Wolfshöhle unseres Wohnzimmers, um mit mir in die Hundeboxanlage umzuziehen. Ich hielt es für ratsam, abzuwarten, bis sie älter und kräftiger sind, um dann das Rudel zusammenzuführen. Dafür bot sich das 3.500 qm große eingezäunte Auslaufgehege an. Beide Wolfstrupps, nennen wir sie mal so, da sie spätestens bis September zu einem Rudel werden sollten, wurden ab der vierten Lebenswoche an Halsband und Leine gewöhnt. Ein Unterfangen, das in erster Linie der Sicherheit der jungen Wölfe dient. Schließlich lebe ich ja mit den Wölfen bis sie ins Großgehege kommen nicht alleine. Es drohen den jungen Wölfen dieselben Gefahren wie jungen Hunden, wenn sie sich an bestimmten Stellen frei bewegen. Da ist die Verkehrsdichte zu groß geworden, bestimmte Stellen müssen überschritten werden, bevor die Wölfe, meine Mitarbeiter und ich ins Gelände oder den Wald kommen, wo sie natürlich frei laufen können. Hier mußte ich mich wieder nach den einzelnen Wolfsarten richten. Denn sie unterscheiden sich in ihrem angeborenes Verhalten. Das Leben ihrer Eltern in freier Natur trat vollständig in Erscheinung. Indische, Europäische und auch Timberwölfe verharren kurz, wenn sie fremde Menschen oder nicht in die Natur gehörende Gegenstände sehen oder mit ihrem Geruchsinn oder dem Gehör wahrnehmen, und weichen dann in die nächste Deckung aus, um weiter zu beobachten. Darauf mußte ich mich einstellen und ihnen folgen. Meine Mitarbeiter blieben in der Regel zurück, wenn die Wölfe von der Leine genommen waren und sich frei mit mir bewegten. War ich in der Dämmerung und nachts mit den Wölfen alleine unterwegs, wie zum Beispiel mit den Timberwölfen Timber und Ronja, mit denen ich zusammen eine Jagdgemeinschaft bildete, waren wir in unseren Bewegungen weniger eingeschränkt.

Ganz anders verhielten sich die Polarwölfe: Sie rannten zwar auch nicht zu fremden Personen hin, aber sie suchten auch nicht sofort Deckung, sondern liefen schon mal weiter weg. Sie kamen dann jedoch auf mein Heulen zurück zu mir auf die freie Fläche. Es gibt in ihrer Natur ja auch kaum Deckung. Auch wurden ihre Vorfahren nicht von Menschen so stark verfolgt wie die anderen Wolfsarten. So ist das extreme Feindbild Mensch bei ihnen von Geburt an nicht so ausgeprägt. Gewiß verhalten sie sich nicht so wie Hunde, auch sie zeigen Vorsicht. Aber das ist eben die Art der Wölfe: Mißtrauen und Vorsicht gegenüber allem Fremden. Das spricht für ihre Wolfsintelligenz.

Zu diesem Zeitpunkt schlief ich anfangs eine halbe Nacht bei den dreien, dann bei den fünfen. Das war auf Dauer zu anstrengend. Es gab jedesmal ein Gerangel um ihre Wolfsmutter, wenn ich von dem einen Trupp zum anderen wechselte. Das hatte dann mit Schlafen nichts mehr zu tun, doch mußte ich am nächsten Morgen wieder für die Welpen und meine anderen Wölfe fit sein. Wer hält das wohl auf Dauer durch? So entschloß ich mich, bald eine Nacht bei dem einen und eine beim anderen Trupp zu verbringen. Dabei konnte ich zwischendurch doch einige Stunden schlafen, obwohl auch dies von Nacht zu Nacht verschieden war. Während meiner Dienstzeit bei den Fallschirmjägern bezeichnete man eine aus acht Leuten bestehende, geteilte Gruppe als einen Trupp. Das habe ich für die beiden Wolfswürfe übernommen, die ja ein Rudel bzw. eine Gruppe werden sollten. Übrigens ist die Annäherungsform bei den Fallschirmjägern die Schützenreihe und die Kampfform das Schützenrudel. Dessen Sinn ist es, Kräfte zu sparen. Zum Beispiel bei einem Spähtrupp hintereinander marschieren, nach links, rechts, vorne und hinten sichern, bei Auftreffen auf den Feind Schützenrudeldeckung, arbeiten mit Zeichensprache. Ganz ähnlich verhält sich ein Wolfsrudel. Doch haben das die Wölfe bestimmt nicht vom Menschen erlernt oder übernommen, sondern eher der Mensch vom Wolf. Obwohl ich im Batallion als Spezialist auf diesem Gebiet galt (zu meinen Aufgaben gehörte auch die Einzelkämpferausbildung), die eigentlichen Profis sind die Wölfe. Allein schon von ihrem Urinstinkt und ihren Sinnesorganen her. Ich kann mir dieses Urteil erlauben – ich habe beide Leben eingehendst kennengelernt.

Nichts entgeht ihren Blicken.

Für die Wölfe und mich ist es äußerst wichtig, in dieser Zeit nachts zusammenzusein, da dies tagsüber nur teilweise möglich ist. Sie lernen mich kennen und abschätzen und ich sie (ein für beide Seiten gleich wichtiger Prozeß). Das Fleisch und die Beutetiere bekommen die Welpen und Jungwölfe grundsätzlich von mir. Ab der sechsten Lebenswoche gewöhnte ich die Wölfe daran, die Milch aus einer Schüssel zu trinken. Das Abdrängen der einzelnen Individuen untereinander ist dabei weiterhin zu beobachten. Begonnen hat dies in direkter Form in der dritten bis vierten Lebenswoche, als nicht jedem sein Fläschchen, sondern eine größere Flasche für alle gereicht wurde. Mal schlafen die Wölfe nachts bis früh morgens durch, nachdem sie mich begrüßt haben, wenn ich in den späten Abendstunden mit ihnen ins Stroh krieche, mal beginnt einer mitten in der Nacht an einem Knochen das Fleisch abzunagen. Dann werden alle wach und tun dasselbe. Bei der Begrüßung haben sie immer den Drang zu meinem Fang, zu dem mein Mund inzwischen für die Wölfe geworden ist. Das geht im Wolfsleben nun mal nicht anders.

Manchen Menschen mag das alles merkwürdig vorkommen. Doch das kann mich nicht interessieren. Nur so und nicht anders konnte ich in die Wolfswelt eindringen, ihr Gefühlsleben, Sozialleben und ihre Aggressionen hautnah kennenlernen. Für verrückt halten mich auch heute noch einige Menschen, obwohl meine Art des Zusammenlebens mit Wölfen weltbekannt wurde. Viele Menschen kommen aus dem In- und Ausland, um die Wölfe und mich zu sehen. Manchmal entspringt das reiner Sensationslust. Andere Menschen wiederum versuchen sich in meine Welt hineinzudenken, wollen ernsthaft erkennen und von mir etwas über das Leben der Wölfe erfahren. Sie versuchen, an meinen Gedanken teilzuhaben. Ja, sie sind vom Wolfsleben und der Natur ähnlich fasziniert wie ich, können aber solch ein Leben nicht führen, weil ihnen eben die Grundlagen dazu fehlen. Habe ich eine Besuchergruppe vor einem meiner Gehege im Wolfspark und halte einen Vortrag, sage ich oft zu den Leuten, daß sie auf anderen Gebieten ganz andere Fähigkeiten haben als ich. Dies aber ist meine Welt. Als Individuum habe ich den gleichen Wert wie einer meiner Wölfe.

## Ungeahnte Schwierigkeiten

Das Frei- und Auslaufgehege hatte zwei große Nachteile. Es gab verschiedene Stellen, wo die Wölfe sich leicht unter dem Draht durchgraben konnten, und es lag direkt am Übungsplatz, auf dem tagsüber meist geschossen wurde und sich Soldaten und Fahrzeuge bewegten. Das führte unweigerlich zur Verängstigung der Tiere und erhöhte das Bestreben, sich an den Schwachstellen unter dem Zaun durchzugraben. Es ist Wolfsart, wo Gefahr droht, auszuweichen. Das ist naturgegeben. Eine menschliche Beeinflussung, zum Beispiel durch mich oder meine Mitarbeiter, lehnen sie ab und handeln instinktgesteuert. Dazu kam noch, daß dieses Gehege aus einer Wiese bestand und keine Deckungsmöglichkeiten vorhanden waren. So gab es für mich nur eine Entscheidung: Die Wölfe kamen nur früh morgens und spät abends in dieses Gehege. Das ist eigentlich auch die Zeit, in der sich Wölfe in freier Natur bewegen. So waren sie tagsüber in ihrem Aufzuchtgehege und wurden nur früh morgens und spät abends in das Auslaufgehege gelassen. Das verhinderte aber, daß ich die Wölfe in diesem Gehege zusammenbringen konnte; denn anschließend mußten die Wölfe wieder zurück, und die beiden Unterkünfte waren zu klein für acht Wölfe. Es wäre unweigerlich zu Aggressionen gekommen, wenn ich die Tiere unter diesen beengten Verhältnissen zusammengeführt hätte.

Als junger Raubtierpfleger in der Stuttgarter „Wilhelma" hatte ich ein Taschenbuch von Prof. Konrad Lorenz gelesen, in dem er die ähnlich aggressiven Reaktionen von Ratten und Menschen bei zu engem Lebensraum beschrieb. Sie können so heftig werden, daß es zu Auseinandersetzungen auf Leben und Tod kommt. Gerade diese Gefahr sah ich auch bei den beiden Wolftrupps, die jetzt zu einem Rudel werden sollten. Bei Wolfsindividuen mit ihrem feinen, sozialen Einfühlungsvermögen führen Spannungen unausbleiblich zu Aggressionen. Während der Prägungszeit kommt es zu seelischen Schädigungen, die ihr ganzes Leben beeinflussen. Es gibt auch hier wieder Analogien zum Menschenleben. Auch hier wachsen Kinder in Familien oder Gruppen auf, die ihnen keine „artgerechte", freizügige Form des Heranwachsens ermöglichen. Beispiele gibt es genügend, und der weitere Weg solcher Menschen ist vorgezeichnet. Menschenpsychologie und Tierpsychologie, zumindest bei höheren Säugetieren, können ins Verhältnis gesetzt werden. Immer wieder komme ich somit auf mein großes Vorbild Prof. Konrad Lorenz zurück.

Es ist nach den Gesetzen der Wölfe unmöglich, sie in einem Auslaufgehege zusammenzubringen und dann wieder getrennt in das Aufzuchtgehege zu führen. Diese Erfahrung machte meine Frau Erika schon vor Jahren, als wir Jugoslawische Wölfe, das sogenannte Siebengestirn aufzogen. Anfangs kamen am Abend begeisterte Jugendliche aus unserem Bekanntenkreis, um mit uns zusammen die Wölfe an der Leine aus dem Gehege zu nehmen. Zum Teil ließ die Begeisterung nach, zum Teil waren die Kinder oder Jugendlichen zunehmend verhindert. So waren wir an einem Abend alleine am Gehege und ich sagte zu Erika: „Wir nehmen erst drei Wölfe aus dem Gehege, bringen sie etwas später wieder zurück und holen dann die anderen." Doch da wurde uns unmißverständlich vorgeführt, in welcher Gesellschaft die Wölfe leben. Als wir mit den dreien außerhalb des Geheges waren folgten sie uns anfangs begeistert, im nächsten Moment aber, als sie nämlich feststellten, daß die anderen noch im Gehege waren, zogen sie an den Leinen und wollten zurück. Die noch im Gehege Befindlichen hingegen wollten nach draußen. Das Rudelverhalten der Wölfe kam also schon mit wenigen Wochen eindeutig zum Vorschein. Uns wurde klar, daß diese Wölfe anders programmiert sind. Für mich wurde die Überlegung entscheidend: Wenn du das Leben der Wölfe näher kennenlernen willst, dann mußt du dich von ihnen „verwolfen" lassen. Da gibt es kein Wenn und Aber. In diesem Fall bestimmen die Wölfe, nicht der Mensch. Diese Erfahrung war hilfreich. Sie verhinderte, den gleichen Fehler ein zweites Mal zu begehen. Zwar wäre die Zusammenführung der Wölfe in diesem großen Gehege ideal gewesen, der Lage und Situation nach aber nicht durchführbar. Also mußte ich mir den Umständen entsprechend etwas anderes einfallen lassen, um diese beiden Wolfseinheiten aneinander zu gewöhnen. Allerdings hatte ich mir diese Situation nicht selbst geschaffen. Die Zwänge der Realität hatten mich mit der Aufzucht eines größeren Wolfsrudels als geplant konfrontiert.

Da half kein Klagen, die Wölfe mußten sich kennenlernen – und das bald. Es war Mitte Juli. Ich kam zu folgendem Arrangement: Wenn ich mit den fünf Wölfen im Auslaufgehege war, ließ ich durch meine Mitarbeiter die drei anderen Wölfe angeleint an den Zaun bringen. Sie beschnupperten sich gegenseitig und wedelten mit der Lunte. Nur Kalinka und Gorbi zeigten sich leicht distanziert, die anderen wollten sich unter dem Zaun durchgraben und Kontakt aufnehmen. Für viele sah dies ganz gut aus. Das Arrangement wurde in Abständen wiederholt. Später, acht Tage vor dem Zusammenführen der Jungwölfe im Waldgelände, fand es täglich statt. Ich hatte eigentlich keine Bedenken, die Wölfe nun zusammenzuführen. Sie hatten sich ja, wenngleich durch den Zaun, kennengelernt.

Beide Wolftrupps wurden in- und außerhalb des Geheges mit Beutetieren versorgt, so daß sie in dieser Hinsicht artgerecht aufwuchsen. Immer wieder wurden Spuren gelegt, um die Tiere zu beschäftigen. Bei den dreien entwickelte sich bald eine Rangordnung, Stephan wollte der Rudelchef sein, was ihm auch anfangs gelang. Dann aber bekam er laufend Krach mit Nikita. Das nutzte Alek, der bis zu diesem Zeitpunkt eher zurückhaltend war, an einem späten Abend blitzschnell aus und drückte beide herunter. Da kam das Sprichwort zum Tragen, nach dem in der Ruhe die Kraft liegt. Die neue Rangordnung lautete nun also Alek, Nikita, Stephan.

Bei den fünfen gab es anfangs Schwierigkeiten, wenn sie an der Leine geführt mit uns durch das hohe Gras liefen. Gorbi und Kalinka verhielten sich allen Fremden gegenüber sehr scheu und übertrugen dies auf die anderen. Ich beobachtete dabei, daß Kalinka an der Leine nicht mit meinem Mitarbeiter Wolfgang mitlaufen wollte und auch

Wenn ich von weitem heule, antworten alle meine Wölfe im Wolfspark.

sofort auswich, wenn dieser mit einem anderen Welpen in ihre Nähe kam. Ich mußte mich entschließen, Wolfgang von der Aufzucht auszuschließen. Das gleiche wiederholte sich drei Tage später gegenüber einem anderen jungen Mann, den ich ebenfalls ausschließen mußte. In diesem Falle kam die Fluchtreaktion von Gorbi und wurde sofort von Kalinka übernommen. Beide Personen verhielten sich den Wölfen gegenüber völlig neutral und gaben keinen Anlaß zum Tadeln. Aus menschlicher Sicht gab es keinen Grund, warum sich die Welpen ihnen gegenüber so verhielten. Die anderen drei Welpen kamen mit ihren Betreuern klar. Es ist erstaunlich, welche Reaktionen von Welpen schon in der vierten bis fünften Lebenswoche ausgehen und wie verschieden die Welpenindividuen untereinander sind. Eine von einem Welpen ausgelöste Scheu wird im gleichen Moment von den anderen übernommen. Das heißt, jeder Welpe ist zwar anders, bei den Abneigungen gegen Menschen reagieren alle jedoch gleich. Jegliche menschliche Überzeugungskraft, egal wie angewendet, ist dann vergeblich. Auf Wolfart entschieden, bleibt entschieden, und das im Welpenalter Erlebte haftet ein ganzes Leben. Ein Vergessen gibt es nicht.

Gemeinhin glaubt man, Wolfswelpen wären in diesem Alter noch lieben kleinen Hundchen vergleichbar. Lieb sind sie natürlich, doch zugleich leben sie in einer Vorbereitungphase, die es ihnen ermöglicht, bereits schon vier bis sechs Wochen später Beutetiere genauso zu töten wie alte Wölfe. Als ich das vor Jahren ein erstes Mal sah, blieb mir die Spucke weg. Wie ein ausgewachsenes Wolfsrudel stürzten sich die Europäischen Jungwölfe auf die Beutetiere, Hühner oder Kaninchen, und rissen diese direkt. Es ist kein Kampfspiel, sondern eine Jagd. In der Entwicklung sind die Europäischen Wölfe den Polarwölfen zum Beispiel drei bis vier Wochen voraus. Das Jagdverhalten ist instinktmäßig schon in diesem Alter vorhanden. Wölfe brauchen keine Anleitung älterer Tiere bei einer ihrer Körpergröße entsprechenden Beute. Nur die Jagdtaktiken auf größere Beutetiere müssen sie von den älteren Wölfen lernen. Wenn einem bei der Aufzucht die Rangordnung unter den Welpen noch nicht ganz klar geworden ist, kann man diese sofort

Majestätisch, dieser Gesichtsausdruck.

mit Bestimmtheit beim Übergang vom Welpen zum Jungwolf erkennen, wenn die Wölfe an das erste Beutetier herankommen. Dort erfolgt eine Erprobung des Durchsetzungsvermögens. Die Aggressivität im Kampf am Beutetier, das körperliche Abdrücken der anderen und die Drohgebärden übersteigen das vergleichbare Verhaltenspotential beim Kampf um verabreichtes Futter bei weitem.

Hier zeigt sich eindeutig, wer Chef im Rudel ist, wer untergeordnete Ansprüche anmeldet oder wer ein Mitläufer ist. Mit dieser Rangordnung geht auch das aufgewachsene Jungwolfrudel in das jagende Wolfsrudel über. Wird die Einweisung in die Rudel- und Jagddisziplin vom Alphawolf vorgenommen, haben nur die eine Chance, erfolgreich im Wolfsrudel mitzujagen, die sich im Welpen- und Jungwölfealter als wesensstark durchgesetzt haben. Allein sie sind in der Lage, später Alphawolf oder Alphawölfin zu werden, falls sie nicht vorher von ihrem Urfeind, dem Menschen, getötet werden.

In der sechsten Lebenswoche, als ich nachts um ein Uhr in das Gehege kam, entwischte Gorbi aus dem Gehege. Es war Vollmond. Ich suchte ihn eine halbe Stunde lang im Gelände und als ich ihn nicht fand, legte ich mich zu den anderen schlafen. Nach den Gesetzen der Wölfe (Rudelgebundenheit) mußte er ja bald zurückkommen. Doch erst als ich morgens das Gehege verließ, kam mir Gorbi über die Wiese entgegengelaufen. Er freute sich, ich natürlich auch, und wir gingen zusammen zu den anderen in das Gehege. Der Welpe hatte bestimmt die Zeit auf der Wiese vor dem Aufzuchtgehege und dem anschließenden Auslaufgehege verbracht, wo die Gerüche ihm bekannt waren. Der Sommer war zu Ende und die acht Jungwölfe inzwischen zu kräftigen Tieren herangewachsen. Die Zeit des Zusammenführens im Freigehege war jetzt gekommen.

Da Gorbi bei äußeren Einflüssen, sprich fremden Personen, Fahrzeugen und Bauten, sofortiges Fluchtverhalten zeigte und dies auch auf die anderen übertrug, war es für mich ein großes Problem, die Wölfe in das große Gehege im Kammerforst zu bekommen. Ein Marsch an der Leine mit meinen Mitarbeitern war ein großes Risiko, da er durch ein für die Wölfe fremdes Gelände führte. Sie in eine Kiste zu sperren und dann mit dem Auto zum Gehege zufahren, wird von Wölfen dieses Alters wie eine Falle empfunden, in die sie hineingeraten sind. Dies kann bei einzelnen Tieren mir gegenüber zu einem Vertrauensverlust für lange Zeit oder sogar für immer führen. Nach einigem Überlegen und Besprechungen mit meiner Frau und den Mitarbeiterinnen kam ich zu folgendem Entschluß: Ich legte Stroh auf die Ladefläche meines Kombiwagens und ließ das Nordtor der Kaserne öffnen – das ist der kürzeste Weg zum etwa vier Kilometer entfernten Gehege und direkt zum Schlaflager der Wölfe. Erika, Christiane und Hildegard nahmen als erste Gorbi, Kalinka und Juri an die Leine. Am 10. September um halb sieben Uhr morgens stand das Fahrzeug bereit. Ich ging mit meinen Mitarbeiterinnen zum Aufzuchtgehege, wir legten die drei Wölfe an die Leine und ließen sie aus dem Gehege laufen, während Kerstin bei den anderen beiden im Gehege zurückblieb. Ich marschierte voran zu dem zwanzig Meter entfernt stehenden Kombiwagen, den sie ja durch meine laufende An- und Abfahrten kannten. Dort angekommen, packten die drei Frauen die Wölfe, dabei liebevoll auf sie einredend, mit beiden Armen um den Oberkörper, hoben sie auf die Ladefläche und stiegen schnell nacheinander mit ihnen ein. Ich setzte mich ins Auto, startete und wir fuhren schnell davon.

Während der Fahrt sprachen ich und meine Mitarbeiterinnen auf die Wölfe ein, und schnellstens waren wir an ihrem neuen Gehege. Die Tür war bereits geöffnet und die Wölfe folgten, vorsichtig riechend und beobachtend, durch die Eingangstür. Dort wurden sie sogleich von der Leine gelassen und sie begannen, sich auf Wolfsart vorsichtig zu orientieren. Erika und Hildegard blieben bei den Wölfen im Gehege, Christiane begab sich mit mir im Auto auf dem schnellsten Weg zurück zur Kaserne. Und wir wiederholten das gleiche mit Don und Gregor. Da alles in Minutenschnelle passierte, konnten sich die beiden Nachzügler ohne Komplikationen den anderen beim Orientierungsgang durch das Gehege anschließen. Dabei dauerte es schon eine Weile, bis sich das Rudel Jungwölfe von uns entfernte, Blickverbindung jedoch nahmen sie immer wieder auf. Wir blieben in dem Gehege, damit sie sich gemeinsam mit den ihnen vertrauten Personen in ihren neuen Lebensraum eingewöhnen konnten. Dies ist in solch einem Falle generell wichtig. Hinzu kommt, daß sich unmittelbar an den Kopfenden des etwa einen Hektar großen Geländes links und rechts die Gehege der Indischen und der beiden Europäischen zwölfjährigen Altwölfe Igor und Micha befinden. Das Gelände war ja einstmals für zwölf Jahre der Lebensraum des Jugoslawischen Wolfsrudels (Siebengestirn) gewesen, von dem Igor und Micha nun im angrenzenden kleineren Areal noch lebten.

Jetzt sah ich eigentlich kein Problem mehr in der Zusammenführung mit den anderen drei Jungwölfen. In den frühen Abendstunden begaben sich Erika, Hildegard und Christiane, die Wölfe an der Leine führend, auf den Weg zum Freigehege. Mit diesen drei war das Laufen an der Leine gar kein Problem, denn sie scheuten nicht vor fremden Menschen zurück. Ich wartete in der Nähe, und wie sie mich bemerkten liefen sie mir hinterher und unvermerkt durch den Eingang des Geheges. Dort ordnete ich an, sie von der Leine zu lassen; denn die Wölfe kannten sich ja von den laufenden Begegnungen am Zaun in ihrem großen Laufgehege in der Kaserne. In den ersten Sekunden der direkten Körperbegegnung hatte ich den Eindruck, die Zusammenführung sei gelungen. Doch blitzschnell, für mich überraschend, stürzte sich Kalinka auf Alek und biß sich an seinem Hals fest, von ihren vier Brüdern dabei sofort unterstützt. Solch eine Situation hatte ich keinesfalls erwartet und schon gar nicht von Wölfen in diesem Alter. Niki und Stephan waren dabei passiv und genauso wie ich überrascht. Einmal mehr war es zu einer jener blitzschnellen Entscheidungen gekommen, wie ich sie in den vergangenen 20 Jahren so oft erlebt habe.

## Not macht erfinderisch

Um das Verbeißen, Verjagen oder sogar das Schwerverletzen von Alek durch die fünf Jungwölfe zu verhüten, mußte auch ich nach Wolfsart handeln, und das direkt bei Eintreten dieser Situation. Der Stärkere setzt sich durch, und deshalb trat ich kräftig auf Kalinka und ihre Brüder ein. Die Jungwölfe ließen daraufhin von Alek ab und nahmen Verbindung zu meinen Mitarbeiterinnen auf. Im gleichen Moment meine nächste Entscheidung: „Christiane und Kerstin, nehmt mein Auto, fahrt so schnell wie möglich in unseren Garten und holt zehn Hühner, die ich zum Schlachten für die Wölfe gekauft habe.“ Nun mußte ein anderes Rollenspiel ablaufen. Ich wollte eine Beutegreifsituation herbeiführen. Dadurch sollte die vorherige aussichtslose Handlung überspielt werden. Alek und seine beiden Brüder waren drei Wochen älter und damit jagdlich gesehen den jüngeren fünf Wölfen überlegen. Darin sah ich eine Chance. Und siehe da, es klappte. Alek, Niki und Stephan stürzten sich sofort auf die von mir an Ort und Stelle getöteten, noch flatternden Hühner und verloren dadurch den anderen gegenüber ihre Unsicherheit. Die fünf erkannten deren jagdliche Überlegenheit an. Als sie sich an den Beutetieren beteiligen wollten, wurden sie zurückgedrängt. Für diesen Zeitpunkt war die Sache geregelt, ob das aber so bleiben würde, bezweifelte ich. Dafür kannte ich diese acht Wolfsindividuen zu gut. Die drei Wölfe mit Alek an der Spitze verhielten sich während des Heranwachsens untereinander und mir gegenüber wie alle anderen Europäischen Wölfe, die mit mir aufgewachsen sind. Die vier Wölfe um Kalinka aber wichen davon vollkommen ab, waren grob, dominant, manchmal lieb, um dann aber schnell wieder miteinander zu rangeln.

Alle fünf waren kampfstarke Charaktere. Dominierend unter ihnen war die Wölfin Kalinka. Sie beherrschte ihre Brüder und war diesen gegenüber in der Schnelligkeit, dem Durchsetzungsvermögen und dem Abdrücken von der Beute bestimmend. Das bekam ich zu spüren, wenn es nachts um Beutefleisch ging, welches im Stroh lag und die Wölfe sich um die einzelnen Fleischbrocken zu streiten begannen. Sie lag in der Regel immer neben mir im Stroh und hat mir oft bei der Untertänigkeitsbezeugung – ich war ja zu diesem Zeitpunkt ihre Mutter – so ganz einfach nebenbei grob in die Lippen gebissen. Ich biß dann zurück, worauf sie sofort zärtlich wurde und meinen Fang leckte. Wölfisches Denken, Fühlen und Erkennen ist eben instinktgesteuert, und zwischen Gefühl und Handlung liegen nur Bruchteile einer Sekunde.

Die kurze Zeit hatte ausgereicht, daß das junge Fünferrudel das Gehegegelände als sein Territo-

Juri zeigt sich Gorbi gegenüber untertänig.

rium ansah. Warum hat Kalinka ausgerechnet direkt den Führungswolf Alek angegriffen und nicht einen der beiden anderen? Sie hatte in Sekunden festgestellt, daß der, der in ihr Revier eindringen wollte, der dominanteste Wolf war. Wie ich die Wölfe kenne, entspricht dies auch ihrem Handeln in freier Natur. Bei den Menschen ist es ähnlich. Ist die Führerpersönlichkeit ausgeschaltet, sind die anderen im ersten Moment kopflos. Der Angriff auf den Führerwolf des eindringenden Rudels entspricht einer Strategie des Behauptens und Überlebens. Im Vergleich zum Menschen sind die Handlungen der Wölfe schneller.

Es wird für manchen Leser unverständlich sein, warum ein Mensch zum „bösen hinterlistigen" Wolf werden wollte. Nein, das sind diese Tiere nicht. Dieses Feindbild haben die Menschen aufgebaut, weil der schlaue Wolf unsere Vorfahren immer wieder überlistete und ihre Haus- und Weidetiere fraß. Allerdings ging es unseren Vorfahren nicht so gut wie uns heute, und ohne ihre Nutztiere mußten sie oft selbst verhungern. Der Lebenskampf war Auslöser des Hasses der Menschen gegenüber dem Wolf. Hätte ich zu dieser Zeit gelebt, wäre ich mit aller Wahrscheinlichkeit auf Grund meiner Prägungszeit auch Wolfsjäger geworden.

Meine Entwicklung ist zum Glück anders verlaufen – dank meiner Mutter. Sie schenkte allen Tieren ihre Liebe, ließ auch mich entsprechend gewähren und gab mir Anleitung. Märchen über den bösen Wolf lehnte sie ab, denn es gab ihrer Meinung nach keine bösen Tiere. Die ersten Wölfe in meinem Leben sah ich als 18jähriger Raubtierpfleger in der Stuttgarter „Wilhelma". Sie waren in einem kleinen Käfig untergebracht und wurden als Vertreter des bösen Wolfes von den Besuchern mit allem möglichen Dreck beworfen. Diese beiden Wölfe wurden zum Anstoß für meine Entwicklung zum heutigen Wolfsmenschen. Mit den Wölfen lebe ich nicht wie ein Dresseur auf einem Hundedressurplatz, sondern ich fühle mich als einer von ihnen. In gewissem Sinne bin ich es auch. Klar, die Stellung eines Oberwolfs oder Ehrenwolfs, den Namen gab mir Prof. Konrad Lorenz, gibt es nicht in der Natur. Jedoch habe ich herausgefunden, daß nur dieser Rang die Grundlage dafür ist, über solch viele Jahre hin unter Wölfen leben zu können. Allein

Die ranghohen Wölfe suchen den engen Kontakt zu mir.

so ist eine Kommunikation zwischen Menschen und Wölfen möglich.

Zurück zu meinen Wölfen und der Zusammenführung der beiden Trupps zu einem Rudel. Obwohl ich außer der Mutterrolle keinen Einfluß auf die Wölfe nehme, da vielmehr ich von ihnen gelernt und mich angepaßt habe, mußte ich jedoch in diesem Falle auf Wolfsart nach den Gesetzen des Stärkeren handeln. Ich war dazu gezwungen; denn für die Wölfe stand nur dieser eine Lebensraum zur Verfügung. Dabei hatte ich, wie schon gesagt, in keiner Weise mit solch einer Situation gerechnet, war doch bei der Begegnung der Wölfe am Zaun im Auslaufgehege eine Zuneigung entstanden. Durch den plötzlichen Angriff von Kalinka und ihren Brüdern auf Alek wurde ich gezwungen, diesen auf Wolfsart abzublocken. Ich setze meine Körperkraft aber nur sehr selten und äußerst ungern gegen meine Kumpane ein.

Wie ging es im Rudel weiter? In den ersten Tagen waren die Wölfe zusammen, und es schien, als ob Alek der absolute König sei. Im Gegensatz zu anderen Wolfsrudeln, wo die Alphawölfin oft direkt in der Nähe des Alphawolfes zu finden ist, zog sich Kalinka zusehends zurück. In ihrer Nähe waren dann Nikita, Gorbi und Don, während sich bei Alek Stephan, Gregor und Juri aufhielten. Doch es war nicht so, daß sich nun zwei strikt getrennte Gruppen gebildet hätten; denn oft waren alle Wölfe auch zusammen in einem Rudel. Kalinka war immer dabei, Alek bei allen seinen Handlungen zu beobachten. Am 6. Januar 1994 früh morgens, als ich das Gehege betrat, kam es zwischen Alek und Nikita, der sich ja meist im Kalinkatrupp aufhielt, zu einer Auseinandersetzung. Als diese heftiger wurde, stellte sich Don auf die Seite von Nikita, und im gleichen Moment griff Kalinka Alek an und biß ihm in den Hals. Nun griff das ganze Rudel Alek an und dieser war als Chef abgelöst. Nikita hatte nun diese Rolle inne. Er lief in nächster Zeit nur noch mit erhobener Rute durch das Gehege. Aber auch er hatte in Kalinka nicht etwa eine Freundin gewonnen. Kam er in ihre Nähe, knurrte sie und zeigte ihm die Zähne. Das Rudel war jetzt gänzlich zusammen; Alek war der Rangletzte und hielt sich gezwungenermaßen ganz zurück. Bis etwa Mitte Dezember 1994 spielte Nikita gegenüber den anderen Wölfen des Rudels eine sehr dominante Rolle, allein Gorbi und Don hielten sich in der Regel immer in der Nähe von Kalinka auf. Diese wurde mit der Zeit immer aggressiver, bis sie eines Tages Nikita angriff. Dabei hatte sie die direkte Unterstützung von Gorbi, Don und den anderen Wölfen. Nikita war somit abgelöst und Rudelchef wurde nun Gorbi, der sich gegenüber Don durchsetzte.

Zu der Verwirrung innerhalb des Rudels kam es, weil es aus zwei Würfen bestand, die altersmäßig drei Wochen auseinander waren. Das spielt im Welpen- und Jungwolfalter anscheinend eine große Rolle, kommt jedoch bei Wölfen in freier Natur nicht zum Tragen. Ich hatte durch diese Zusammenführung gegen die Wolfsgesetze verstoßen und damit diese Auseinandersetzung eingeleitet. Hoch interessant, daß ausgerechnet die Wölfin Kalinka dies auf Wolfsart korrigierte. Ihre Brüder hingegen hatten sich bereits den drei Wochen Älteren untergeordnet.

Die Herkunft der Wölfe war unterschiedlich. So ist der Vater von den dreien ein Rumänischer Wolf und die Mutter eine Zoowölfin, deren genaue Herkunft unbekannt, auf jeden Fall aber europäisch ist. Die drei Wölfe haben die Statur, Farbe und Maske der spanischen Wölfe. Die fünf sind nach meinen Informationen Sibirische Waldwölfe, der Vater kommt direkt von dorther und die Wölfin aus dem Rudel des Tierparks Berlin. Ob diese verschiedene Herkunft auch eine entscheidende Rolle spielt, läßt sich nur vermuten, denn ich stellte bei diesen nicht nur äußerlich verschiedenen Wölfen auch eine seelische Andersartigkeit fest.

Jetzt hatte ich also doch zwei Rudel im Gehege, denn Nikita, Alek und auch Stephan wurden in eine Ecke verjagt und hatten dort nur einen engen Bewegungsraum. Wenn sie zum Rudel kamen, wurden sie sofort von Kalinka vertrieben. Diese lag ständig auf der Lauer und bewachte dieses „Reservat". 1995 hatten wir nachts einen starken Sturm. Früh morgens kam der erste Besucher des Wolfparks mir entgegen und sagte, bei den europäischen Wölfen sei ein Wolf von einem Baumstamm erschlagen worden. Schnellstens begab ich mich dorthin und stellte fest, daß zwei Kiefern entwurzelt waren und unter der abgedrehten Baumkrone der einen Kiefer ein Wolf lag. Es war Alek, dem der Stamm der Kieferkrone den Rücken durchschlagen hatte. Der Tod war direkt eingetreten, aber das war für mich nur ein kleiner Trost, denn ich hänge an jedem meiner Wölfe.

## Korrekturen

Als Igor und Micha, meine beiden letzten Wölfe des Siebengestirns an Altersschwäche gestorben waren, entschied ich mich, da der durch Kalinka ausgelöste Druck gegenüber Niki und Stephan durch das Rudel immer stärker wurde, beide betäuben zu lassen und sie in dieses Gehege zu geben. Gewiß, in der Natur gibt es Probleme dieser Art nicht. Trotzdem zeigt uns dieses Beispiel einiges über das komplizierte Rudelleben. Es erweist sich, mit welcher Intelligenz, welchen Taktiken und Gefühlen diese Tiere ausgerüstet sind. Dieses Verhalten haben sie nicht erlernt, sondern auch hier liegt instinktgesteuertes Innenleben vor. Das Wolfsleben ist ein abwechlungsreiches, aber hartes Leben. Schwache und alte Tiere sterben oft den Hungertod, wenn sie im Rudel nicht mehr mitjagen können. Da bin ich wieder Mensch. Igor und Micha bekommen ihr Altersgehege. Zu beobachten ist, daß diese Wölfe immer mehr ihre Heulstimme verlieren und beim Beißen oft Probleme mit den Zähnen bekommen. So füttere ich kleine Fleischbrocken ohne Knochen, und die Tiere erreichen ein viel höheres Alter als in der Natur.

Ein Wolfsleben lang waren wir zusammen in einer Kumpanei. Was hat sich da nicht alles abgespielt. So erzählte ich ja schon, wie zwei schwere Stürme das Gehege zusammenschlugen und die Wölfe draußen waren. Sie trafen mich und blieben bei mir. Kameradschaft, Zusammengehörigkeitsgefühl oder soll ich es Freundschaft nennen? Ein Team waren wir jedenfalls. Diese Kommunikation ist bei Wölfen auch nur einem einzigen Menschen gegenüber möglich und kommt auch nur zustande, weil sich beide Individuen im Grunde ähnlich sind. Freundschaften, wie sie bei den Nachkommen der Wölfe, den Hunden, mit anderen Tieren, zum Beispiel mit Katzen, zustandekommen, gibt es bei den Wölfen nicht. Ab einem gewissen Alter sind alle anderen Tiere in ihrem Bewegungsgebiet Beutetiere.

Die Verbindung zwischen den Wölfen und mir besteht bis ins hohe Wolfsalter, bis zum letzten Atemzug. So erlebe ich das ganze Leben von den Wolfswelpen bis zum alten sterbenden Wolf mit. Die Phasen des hilflosen Welpen und des alternden Wolfes ähneln sich. Am Anfang bin ich die Mutter und im letzten Fall wie in einem menschlichen Altenheim der Pfleger, welcher die Tiere versorgt. Es geht ja auch gar nicht anders. Solch ein Leben zwischen den Wölfen und mir ist immer ein inniges Gefühlsleben. Es sind für mich keine Gebrauchstiere, sondern echte Kumpane, wie ich sie in der Menschenwelt selten kennengelernt habe.

Seit Jahren beurteile ich meine Wölfe danach, wer sie als Individuum sind und wie sie sich aufgrund ihrer angeborenen Fähigkeiten im Rudel behaupten. In der Regel ist es so, daß die im Welpenalter ausgeprägten Eigenschaften und der Grad des Durchsetzungsvermögens sowohl im Rudel der Jungwölfe als auch später im Rudel erhalten bleiben. Es gibt da nur wenige Abweichungen. Einzelne Wölfe sind Führungsnaturen, die durch ihr Wesen und ihre Ausstrahlung von den anderen anerkannt werden, ohne daß sie dies laufend beweisen müssen. Bei Auseinandersetzungen sind sie den anderen Wölfen in ihrer direkten, unmißverständlichen Art und Ausstrahlung vollkommen überlegen. Sie haben das um sie herum

Juri kann leicht mit dem Alpha-Wolf Gorbi verwechselt werden.

Geschehende ständig im Auge und wirken zum Teil ihren Mitwölfen gegenüber erhaben. Andere Tiere sind in etwa gleich stark. Diese rangeln und drohen gegeneinander, wobei sie von den wesensschwachen Wölfen beobachtet werden, die sich ebenfalls zu behaupten versuchen. Wesensschwächere Wölfe mit wenig Durchsetzungsvermögen greifen bei Auseinandersetzungen zwischen zwei Wölfen ein und stellen sich auf die Seite dessen, welchen sie für den Fähigeren und Stärkeren halten. Der Verlierer landet in der untersten Etage des Wolfsrudels. Auch kann man schon früh Sympathien oder Antipathien der einzelnen Wölfe zueinander beobachten. Ein Wolfsrudel gleicht in der Verschiedenheit seiner Zusammensetzung einer menschlichen Großfamilie. Übrigens gibt es nicht in jedem Welpenwurf Führungsnaturen.

Mein Leben mit den Wölfen rund um die Uhr gerade während des Heranwachsens gibt mir Aufschluß darüber, wo der einzelne im Rudel später zu finden sein wird. Dabei suchen die heranwachsenden und als Führungswölfe sich abzeichnenden Tiere immer mehr meine Nähe und drücken die anderen ab. Beim Eintritt ins Erwachsenenalter laufen die Wesensstärkeren zum Alphawolf und zur Alphawölfin und lecken ihnen untertänig den Fang, die anderen folgen. In den Jungwölfen hat sich während ihrer Entwicklung Selbstvertrauen aufgebaut. Zur gleichen Zeit beriechen die erwachsenen Wölfe natürlich die Jungwölfe. Der Führungswolf im Rudel ist jetzt natürlich der Alphawolf, flankiert von der Alphawölfin. Das ist in freier Natur nicht anders, nur daß die Wölfe dort bei ihren Eltern in der von der Natur vorgegebenen Lebensweise aufwachsen.

## Selbstverleugnung

Mein Leben mit Wölfen birgt noch eine weitere Schwierigkeit. Ich muß mich selbst verleugnen, bin ich doch gezwungen, nach den Gesetzen des Rudels zu leben und das heißt: in der Führungsetage. Meine nächsten Kumpane sind Alphawolf und Alphawölfin. Wenn diese es zulassen, daß andere Wölfe zu mir kommen dürfen, ist das eine große Freude für mich. Denn ich hänge an jedem der Wölfe, da ich bei allen die Ziehmutter war. Werden jedoch die anderen Wölfe von den Alphawölfen zurückgedrängt, dann darf auch ich mich nicht mit diesen abgeben. Menschlich gesehen, muß ich mich arrogant verhalten. Handle ich gegen dieses Gebot und nähere mich den anderen Wölfen, werten die Alphawölfe mein Verhalten als Mißachtung und beginnen sofort mit dem Abdrücken. So muß ich mich selbst verleugnen, denn als Mensch bin auf Kameradschaft eingestellt. Allerdings finden sich in der menschlichen Gesellschaft zu dem eben beschriebenen Verhalten der Wölfe, den hierarchischen Strukturen und Handlungsweisen hier und da doch seltene Parallelen. Im Wolfsrudel garantieren Hierarchie und Disziplin günstige Chancen zum Beutemachen.

Wenn man sich zur Aufgabe gemacht hat, dieses faszinierende, aber harte Leben in einem Wolfsrudel zu leben, muß man sich selber fordern und wird auch von den Wölfen laufend gefordert. Wölfe bleiben nicht im Kindheitsalter stehen, sie werden erwachsen wie Menschen. Genau diese einzelnen Lebensphasen der Wölfe in ihrer Welt bin ich mitgegangen. Als Welpen sind Wölfe liebebedürftig und verspielt wie Hunde. Das trifft auch noch auf sie als Jungwölfe im frühen Stadium zu. Aber bald zeichnet sich ihr Urlebensweg ab. Obwohl weiterhin verspielt, beginnt das bereits bei den lieben, niedlichen kleinen Welpen eingeleitete Rollenspiel, und zwar mit einer nicht zu übersehenden Deutlichkeit. Als Individuen sind sie dieselben geblieben, aber diese Individuen gewinnen in einem zum Töten größerer Säugetiere gebildeten Rudel neue und andere Dimensionen. Nur die stärksten können sich durchsetzen.

Durch die ständigen Verfolgungen durch den Menschen wurden die Wölfe in ihren Lebensgebieten zu ganz scheuen, vorsichtigen Tieren. Nur mit Hilfe seiner technischen Möglichkeiten hat der Mensch die Wolfsrudel dezimieren oder vernichten können. Denn jagdlich gesehen, ist der Mensch dem Wolf vollkommen unterlegen. Die Natur hat den Wolf mit höheren Jagdinstinkten ausgerüstet.

Das will ein Teil der Menschen nicht wahrhaben, denn sie meinen, aufgrund ihrer erweiterten, auch auf anderen Gebieten vorhandenen Intelligenz absolute Herrscher auf diesem Planeten zu sein.

Zum Wolf geworden und eng mit Wölfen zusammenlebend, kann ich meine Brüder und Schwestern doch nur nach den Kriterien des menschlichen Geistes beurteilen. So beschreibe ich die 1993 aufgewachsenen Wölfe auf menschliche Art unter Zuhilfenahme wölfischer Fähigkeiten.

## Meine neuen Europäer

Alek war an und für sich ein ruhiger Wolf, der seinen beiden Brüdern gegenüber eine gewisse Überlegenheit ausstrahlte. Hatte er Fleisch vor sich liegen, trauten dieselben sich selten heran. Wenn doch, drohte er sofort und sie wichen zurück. Als im Alter von zwölf Wochen ein Hund an das Gehege der Wölfe kam, flüchteten seine Brüder in die Kiste. Alek dagegen blieb stehen, zeigte in Abwehrhandlung die Zähne, biß in den Zaun und zeigte sich selbstsicher. Obwohl der Hund, ein kleiner Mischling, Spielverhalten zeigte, nahm er dies nicht an. Er zeigte Revierverteidigung. Seine beiden Brüder kamen dann wieder ganz vorsichtig aus der Kiste. Eindeutig wurden durch sein Verhalten Wesensstärke und Führungsanspruch angemeldet, was auch später zum Tragen kam.

Stephan: Er war als Welpe mir und meinen Mitarbeiterinnen gegenüber sehr anhänglich und emsig. Sofort, wenn wir die Kiste öffneten, war er da. Er suchte einen gewissen Mutterschutz. Direkt bei uns versuchte er Nikita zurückzudrängen, wenn dieser zu nahe kam. Er benahm sich wie ein Nesthäkchen. Wenn ich auf dem Boden lag, packte er blitzschnell ein Stück Fleisch, drückte sich mit dem Rücken an meinen Körper und verteidigte es gegenüber den beiden anderen. Erst später drückte ihn Nikita ab, und es kam zu Auseinandersetzungen zwischen den beiden. Dabei zog er sich aber immer wieder an meinen Körper zurück, um sich von dort aus zu verteidigen. Innerlich mochte ich

Faszinierend für mich, ich bin in meinen Wolfsrudeln integriert.

Stephan mehr als Nikita, weil er aus menschlicher Sicht so ängstlich und anhänglich war. Aber menschliche Gefühle haben zurückzutreten nach den Gesetzen der Wölfe. Ich bin an die Handlungs- und Gefühlswelt der Wölfe gebunden.

Nikita entwickelte sich Stephan gegenüber immer mehr als ein Raufbold. Ja, ich glaube es war regelrechte Eifersucht, weil sich Stephan immer in meiner Nähe aufhielt und sich von dort aus auch gegenüber Nikita verteidigte. Nikita ließ Stephan gar nicht mehr aus den Augen. Es kam zu laufenden Auseinandersetzungen zwischen den beiden. Es war bereits jetzt zu erkennen, daß Nikita später den Rang über Stephan einnehmen würde. Am liebsten spielen junge Wölfe mit Kindern. So wurde der 15jährige, auch bei der Aufzucht mithelfende Martin zum Spielkameraden der 1993 aufwachsenden Wölfe. Besonders Nikita war ihm zugetan. Doch als er später kurzzeitig Alphawolf im großen Rudel wurde, knurrte er Martin an. Der Junge bekam Angst, und ich konnte ihn nicht mehr mit in das Gehege nehmen. Es zeigte sich hier wieder ganz deutlich – eine bei Welpen und Jungwölfen aufgebaute Freundschaft kann enden, wenn die Wölfe erwachsen werden. Die Erkenntnis: Wölfe sind keine Schmusetiere wie Hunde, sie leben ihr eigenes Leben.

Kalinka: Als eine dominante, temperamentvolle Wölfin setzt sie sich durch. Sie ist grob in ihrer Art, selbstsicher, trotzdem vorsichtig, ohne ängstlich zu sein. Geht etwas gegen ihren Willen, fängt sie sofort an, zu drohen. Mit der zweistündig gegebenen Ration Milch war sie nicht einverstanden, wollte immer mehr und bewegte sich nach dem Trinken noch immer in der Kiste, wenn die an-

Dominante Wölfe sind schon in der Jugend zu erkennen: hier Kalinka.

Mit gerunzeltem Fang und Stirn zeigt Kalinka (im Alter von fünf Jahren) ihr dominantes Verhalten auch, wenn die anderen Wölfe sich mir nähern.

deren schon schliefen. Sie ließ sich im Spiel von ihren Brüdern nichts gefallen, und war nachts, wenn die Wölfe aufwachten, mir gegenüber am spielerischsten, wobei sie oft grob in mein Gesicht biß. Beiße ich zurück, so läßt sie von mir ab und nähert sich mir in dieser Nacht nicht mehr. Ihre Brüder trauen sich nicht, ihr Futterfleisch wegzunehmen. Von der Zärtlichkeit, die andere Wölfe mir gegenüber zeigten, ist bei ihr nichts zu spüren. „Vielleicht kommt dies, wenn sie älter wird“, schrieb ich während ihrer Welpen- und Jungwolfzeit in mein Tagebuch. Ja, es ist dazu gekommen. Hätte ich aber nicht mehrmals zurückgebissen, wäre diese Umwandlung nicht erfolgt. Wölfe, vor allem Wölfinnen, erkennen nur starke Charaktere an. Jetzt im dritten Lebensjahr führt sie gemeinsam mit dem Alphawolf Gorbi die Regie im Rudel. Aber auch er muß sich von ihr einiges gefallen lassen. Oft bewegt sie sich im Gehege alleine, und je nach Laune beißt sie auch manchmal Gorbi zurück, wenn sie mich begrüßt. Die anderen Wölfe trauen sich gar nicht heran, wenn sie bei mir ist.

Gorbi: Wagte als Welpe nachts einen Alleingang. Er ist ein fremden Menschen gegenüber ausweichender, sehr vorsichtiger Wolf. Durch die Unterstützung von Kalinka erreichte er die Alphastellung. Es gibt da Sympathiekorrekturen unter Wölfen, denn auch die anderen drei Brüder sind sehr wesensstark. Aber die Wölfin bestimmt selbst, wen sie unterstützt und wer das Rudel führen soll. Ihre Sympathie schenkte sie Gorbi. Nach welchen Faktoren sich das abspielt, wird wohl immer ein Geheimnis der Wölfe bleiben. Gebe ich ein Beutetier in das Gehege, so packt es Gorbi mit seinem Fang und schleppt oder trägt es weg. Kein anderer Wolf traut sich in dieser Phase an ihn heran, auch Kalinka nicht, obwohl sie im sozialen Verhalten im Rudel die dominanteste Rolle spielt. Betrete ich das Gehege, werde ich seit dem Moment, da Gorbi Alphawolf wurde, stürmisch begrüßt. Er springt an mir hoch und leckt mir heftig den Fang, manchmal so lange, daß es mir fast lästig wird. Dabei beißt er mir aus Freude öfter mal ins Gesicht. Mehrmals war ich gezwungen, zurückzubeißen. Damit zügele ich sein Temperament. Trotz meiner Bekanntschaft mit vielen Wölfen: eine solche stürmische Zärtlichkeit habe ich noch nicht erlebt. Auch hat er eine Sprungkraft, mit der er den anderen Wölfen gegenüber überlegen ist. Im Anlauf springt er mir mit einem etwa drei Meter entfernten Absprung an den Kopf. Darauf bin ich gefaßt, hebe den Arm hoch und er fallt rückwärts zu Boden. Aber trotz allem habe ich schon einige Schürfwunden von ihm abbekommen. Indem ich ein Huhn mit ausgestrecktem Arm über mich hielt, habe ich bei ihm schon als Jungwolf festgestellt, daß seine Sprungkraft den anderen gegenüber drei- bis fünfmal stärker ist. Verschiedene angeborene Fähigkeiten, genau wie bei Menschen, kommen zum Tragen, wenn sie ausgelöst werden. Ist die Begrüßung durch die Wölfe beendet, legen Gorbi und ich uns auf den Boden. Er wälzt sich auf dem Rücken und langt spielerisch mit seinen Pfoten nach meinem Gesicht. Befreundete Wölfe spielen untereinander bis ins hohe Alter. Kommt aber ein anderer Wolf hinzu, geht Gorbi sofort mit seinem Fang an meinen und beginnt zu lecken. Statussymbol und Eifersucht kommen zum Tragen.

Ich hatte dieses Rudel im Welpen- und Jungwolfalter Fremden gegenüber als sehr unduldsam eingeschätzt und mit meinen Mitarbeiterinnen darüber gesprochen. Doch sie glaubten mir nicht. Nun ist das Vorausgesagte wahr geworden. Diese starken Wolfscharaktere lassen einen Menschen im Wolfsrudel nicht zu. Werden die Wölfe älter, werfen sie ihn aus dem Rudel heraus. Das geschah vor vier Monaten. Hildegard, die bereits zwei Wolfsrudel mit mir aufgezogen hatte, war mit mir an einem Nachmittag im Gehege. Wir waren schon eine Weile bei den Wölfen, da sagte ich zu ihr: „Bleib im Gehege, ich fahr nach Hause und hole Fleisch“. Als ich zehn Minuten später zurückkam, stand sie in der Schleuse und war nicht mehr bei den Wölfen. Auf meine Frage: „Warum bist du nicht mehr bei den Wölfen?“ antwortete sie. „Gorbi ist am Eingang an mir hochgesprungen und hat mich angeknurrt“. Meine Antwort: „Komm mit rein!“ Ich war auf alles gefaßt. Sofort setzte Gorbi zum Angriff auf Hildegard an. Ich fing den Angriff ab, indem ich ihm mit meinem Stiefel blitzschnell unters Kinn trat und Hildegard den Rückzug sicherte. Ich selbst blieb im Gehege; Gorbi sprang an mir hoch und leckte untertänig meinen Fang. Unbewußt und nichts ahnend, hatte ich einen Fehler begangen. Ich bin doch für die Wölfe das oberste Tier, der Ehrenwolf. Als ich das Gehege verließ, wenn auch nur für zehn Minuten, mußte Gorbi annehmen, hier ist ein Rollentausch vorgenommen worden. Nach Wolfsart schnell handelnd, überraschte er Hildegard und zwang sie, das Rudel für immer zu verlassen. Das war besonders für Hildegard eine herbe Enttäuschung, hatte doch gerade sie Gorbi als liebem Welpen das Fläschchen gegeben. Obwohl Wölfe in vielen Beziehungen dem Menschen ähnlich sind, gehorchen sie eigenen Gesetzen. In dieser Beziehung ist dieses Rudel das extremste, welches ich aufgezogen habe.

Gregor: Obwohl auf die gleiche Art wie seine Schwestern und Brüder aufgezogen und herangewachsen, ist er in seinem Verhalten Menschen gegenüber anders. Er gehört zu den Wölfen, welche auch später mit Menschen einzeln zusammenleben könnten. Meine Mitarbeiterinnen nannten ihn Schmusewolf. Seine Beziehung zum Menschen unterscheidet sich von allen anderen von mir aufgezogenen Europäischen Wölfen. Auch jetzt, im dritten Lebensjahr, verhält er sich am Gehegezaun gegenüber meinen Mitarbeiterinnen kontaktsuchend und unterwürfig. Im Rudel dagegen zeigt er totales Durchsetzungsvermögen und ordnet sich nur Gorbi unter.

Don: Ein kräftiger Wolf, der in der Fellzeichnung heller ist als die anderen Wölfe. Schon als Welpe war er ein guter Fresser. Wenn sich die anderen Welpen oder später Jungwölfe um Futterfleisch stritten, dann konzentrierte er sich auf ein Stück Fleisch und fraß es. Jede Gelegenheit benutzt er dabei, dies abseits vom Rudel möglichst ungestört zu tun. Sobald er jetzt, wenn ich ins Gehege komme, sich mir nähert, wird er von Kalinka abgedrängt. Aber er läßt keine Gelegenheit zu einer neuerlichen Annäherung aus, wenn Kalinka anderweitig beschäftigt ist. Er ist dickfellig, hat aber trotzdem Respekt vor unserem Wolfsweib. Von Gregor wird er abgedrängt. Seinerseits hat sich Don auf Juri konzentriert, den wiederum er nun mit seinem kräftigen Körper abdrängt. So spielt jeder Wolf im Rudel seine Rolle, etwa wie in einer Gruppe Menschen.

Juri: Er ist der schönste Wolf im Rudel. Aber Schönheit zählt nur bei den Menschen, nicht etwa bei Wölfen. Für seinen letzten Platz in der Rudelrangordnung hat der Alphawolf Gorbi gesorgt. Schon als Welpe schrieb ich über Juri, er sei ein Wolf, der laufend seine Chance nach oben sucht. Ständig war er dabei, die Stärken und Schwächen der anderen zu beobachten, um sie blitzschnell zu überlisten. Eine gesunde Mischung aus Vorsicht, Neugier und Schlauheit kam zum Tragen. Aber beim Heranwachsen der Wölfe setzte sich Gorbi ihm gegenüber immer mehr durch. Und Gorbi hatte vor allem die Zuneigung von Kalinka; das wurde ausschlaggebend. Nachdem Alek und Nikita, durch Mitwirkung von Kalinka, als Alphawölfe abgelöst waren, wurde Juri in seinem Drang nach oben von Gorbi und Kalinka gestoppt und rangunterster Wolf im Rudel. Dabei hatte Gorbi noch die Unterstützung der anderen beiden Wölfe. Zwischen Don und Juri gab es dann ein gewisses Wechselspiel um Rang drei und vier. Das entschied Don im zweiten Lebensjahr für sich. Im Februar 1997 war die Rangordnung im Rudel: Gorbi, Kalinka, Gregor, Don und Juri.

Der Alpha-Wolf Gorbi (mit stehenden Ohren) zeigt Don, bis hierher und nicht weiter.

# Arktiswölfe

## Die Stralsunder

McKinley und Ellesmeer wurden am 22. April 1995 in Stralsund geboren, Chaca, Nanuk und Alaska sieben Tage später in Leipzig. Am 2. Mai, also im Alter von zehn Tagen, kamen Mc Kinley und Ellesmeer nach Merzig. Am 9. Mai holte ich aus Leipzig Chaca, Nanuk und Alaska, also auch zehn Tage nach der Geburt.

Da meine Polarwölfin Arktis schon zwölf Jahre alt war und somit keine Junge mehr bekommen konnte, entschloß ich mich, Welpen aus einer anderen Wolfshaltung zu kaufen, damit wieder Jungtiere in das Rudel kommen. Mein Rudel setzte sich damals zusammen aus dem siebenjährigen Alphawolf Peter, der zwölfjährigen Wölfin Arktis sowie den fünfjährigen Wölfen Hudson und Ranes. Die Reihenfolge entspricht auch der Rangfolge. Inzwischen waren meine Frau und ich in ein neu erbautes Holzhaus unmittelbar in der Nähe des Wolfsparks Merzig umgezogen. Auch wurde von der Stadt Merzig ein Arbeitsraum mit Kühl- und Gefrieranlage erstellt, so daß das Zerlegen der Futtertiere nicht mehr wie seit 23 Jahren Sommer wie Winter bei jedem Wetter im Freien durchgeführt werden muß. Nun aber war ich gezwungen, innerhalb kürzester Frist eine Holzhütte und ein Aufzuchtgehege auf städtischem Gelände unmittelbar am Wohnhaus und der Versorgungsanlage erstellen zu lassen. Dazu bot sich eine Jagdhütte an, in der ein Wohnraum, eine kleine Küche, ein Schlafraum, den man über eine Treppe erreicht, eine Toilette und ein Abstellraum vorhanden sind. Die Ausmaße der Hütte mit Schlafraum betragen 35 qm. Die kleine Toilette und den Abstellraum, welche an der Stirnseite der Hütte liegen, ließ ich als Schlafraum für die Welpen und mich umbauen, mit einem Zugang zum Freigehege. Dieses hat die Größe von 1.500 qm, verfügt über einen aufgeschütteten Hügel und ein Wasserbecken im Ausmaß von drei mal drei Metern und achtzig Zentimetern Tiefe, so daß immer frisches Wasser vorhanden ist. Den Hügel ließ ich aufschütten und säte Gras an, weil die Polarwölfe im Großgehege meist auf einer Anhöhe liegen. Neben der Hütte befindet sich noch ein durch einen Drahtzaun abgeteilter Raum, der mit Laubbäumen bewachsen ist und den Wölfen während der heißen Sommermonate Dauerschatten gewährt. Von hier aus haben die Wölfe durch eine Tür weiteren Zugang zum Freigehege. Nach jahrelangen aufgezwungenen Improvisiationen und dem Sammeln von Erfahrungen glaubte ich für meine Wölfe die optimale Lösung gefunden zu haben.

Hier freut sich wohl jemand auf die Beute!

Überrascht war ich, als Herr Langner aus Stralsund telefonisch mitteilte, daß zwei Welpen schon am 22. April geboren worden waren, da Polarwölfe in der Regel erst etwa 14 Tage später zur Welt kommen. Da ich ein Rudel aufziehen wollte, waren zwei Tiere natürlich zu wenig. Sollte ich warten, bis in Leipzig die Welpen zur Welt kommen? Nein! Ich entschloß mich, nach Stralsund zu fahren, um die Welpen zu holen. Herr Langner, der Direktor, berichtete mir bei meiner Ankunft, daß es sich bei den Welpen um ein männliches und ein weibliches Tier handelte, und wir verabredeten eine Übernahme der Welpen am nächsten Tag. Die Tierpflegerin übergab mir zwei kräftige Welpen. Ich ließ mir noch eine Thermosflasche mit heißem Wasser füllen, nahm ein Taxi und fuhr zum Bahnhof. Die Welpen mußten jetzt alle zwei Stunden mit Hundeaufzuchtsmilch versorgt werden, deshalb die Mitführung des heißen Wassers. Für die Welpen bedeutete die Gewöhnung an den Nuckel einer Saugflasche eine totale Umstellung. Somit bedarf es für denjenigen viel Geduld, der sie mit der Flasche versorgt.

Am Anfang meiner Wolfsforschung hatte ich es von einem Wissenschaftler übernommen, die Welpen über eine Magensonde mit Milch zu versorgen. Wegen der Unnatürlichkeit kam ich aber bald wieder davon ab. Aus Erfahrung kann ich sagen, daß die Welpen nach zwei bis drei Tagen von selber zu trinken beginnen, vorher geht es nur tröpfchenweise – also ein Geduldsspiel. Gegen neun Uhr abends waren wir endlich in Merzig.

## Aufzucht der Stralsunder

In unserer Wohnung war schon alles gemäß meiner langjährigen Erfahrung in der Wolfswelpenaufzucht vorbereitet. Die Welpen wurden in eine Holzkiste gegeben, die mit warmen Wolldecken ausgelegt war. Da sie kurz vor der Ankunft in Merzig im Zug versorgt wurden, schliefen die beiden gleich ein. Ich hatte den Eindruck, daß die lange Reise im Zug die Welpen doch sehr mitgenommen hatte. Aber nach zwei Stunden wurden ihnen wieder die Fläschchen angeboten, denn es ist wichtig, daß die Welpen von der Geburt an etwa in diesem Rhythmus Milch zu sich nehmen, Urin und Kot absetzen. Der Lebenskampf der Welpen beginnt mit der Geburt. So starben im Leipziger Zoo zwischen 1987 und 1993 von 23 geborenen Welpen sieben bereits im ersten Monat und vier im Alter von zwei bis acht Monaten. Alle die von uns aufgezogenen Wolfswelpen nahmen täglich etwa 50 bis 70 Gramm zu. Gewogen wurden sie in der Regel ab der zweiten Lebenswoche. Am 14. Lebenstag wurde ihnen erstmals eine Wurmkur verabreicht, wobei jedesmal festzustellen war, daß alle Welpen stark verwurmt waren. Spulwürmer sind praktisch der innere Gegner von Wolfswelpen und müssen bekämpft werden. Erfolgt dies nicht, stirbt ein Teil der Welpen. Die Mutterrolle einer Wölfin zu übernehmen, ist eigentlich gar nicht so einfach, denn wie schon erwähnt müssen die Welpen in den ersten 14 Tagen rund um die Uhr alle zwei Stunden versorgt werden, ab der dritten Woche alle zwei Stunden von sechs Uhr morgens bis Mitternacht – also erstmals Zeit zum Schlafen. Dies sind meine Frau und ich, mit jährlichen Unterbrechungen, seit über zwanzig Jahren gewohnt.

Nachdem wir den beiden Welpen tagsüber im gleichen Rhythmus die Fläschchen gegeben hatten, mußten wir in der Nacht weiterhin mit Geduld tröpfchenweise die Milch einflößen. Erst gegen Morgen begannen die Welpen von sich aus, an dem Schnuller zu saugen, mit der überraschenden Einschränkung jedoch, daß der weibliche Welpe nur von mir die Flasche nahm. Das war uns noch nie passiert, da meine Frau allen Wolfswelpen, die bei uns aufgewachsen sind, genau wie ich das Fläschchen gegeben hatte. Das bedeutete, daß wir uns nachts überhaupt nicht abwechseln konnten, was zur Folge hatte, daß ich die beiden, wenn sie ihr Fläschchen getrunken hatten und auf dem Fußboden unseres Wohnzimmers herumgekrabbelt waren, nur am Tage wieder in die Kiste gab. Nachts schliefen sie bei mir auf dem Wohnzimmerfußboden.

Zwei unserer älteren Katzen, zwei kastrierte Kater, die ich selbst als verlassene Findelkinder mit dem Fläschchen aufgezogen habe, spielten dabei eine eigenartige Rolle. Mehrmals erlebten sie schon die Aufzucht von Wolfswelpen, nahmen Kontakt auf, zogen sich aber dann beobachtend zurück. Aber diesmal legten sich beide zu mir und den Welpen. Ich verstand die Tierwelt nicht mehr. Tagsüber lagen die Kater abwechselnd auf der Kiste. Einerseits schmunzelte ich über dieses Tierleben, aber andererseits sah ich eine große Gefahr für das spätere Leben der Katzen. Die Kater sind jetzt acht und zehn Jahre und können Gefahr für sich abschätzen, denn ihr Leben lang waren sie immer in der Nähe unseres Wolfsgeheges, sagte ich mir. Zwei jüngere Katzen haben wir nämlich schon ver-

Als Beutewolf komme ich zu den wartenden Jungwölfen mit einem Hasen zurück.

loren: Die eine wollte im Gehege Vögel fangen, wurde getötet und gefressen. Einem anderen Kätzchen, wir hatten es erst vier Wochen, wurde ein Lauf abgerissen, als es am Zaun mit Jungwölfen spielte. Wölfe kennen kein Spiel mit einer anderen Tierart, sondern nur Beutetiere. Wiederum ein Naturgesetz, auf das wir Menschen keinen Einfluß haben.

## Das kleine Wolfsweib Ellesmeer

Nach zwei Tagen reagierten die Welpen auf meinen, von den Wölfen erlernten Lockruf und tranken hungrig aus den Fläschchen. Das war ein erfreulicher Fortschritt. Der weibliche Welpe nahm das Fläschchen von Erika weiterhin nicht an, auch nicht in den nächsten Tagen. Das schien problematisch zu werden, denn inzwischen war die Geburt der Welpen aus Leipzig angekündigt. Sie kamen am 29. April zur Welt. Am 8. Mai mußte ich mit der Bahn nach Leipzig fahren, um einen Tag später mit den Wolfswelpen nach Merzig zurückzukommen. Erika war verzweifelt: „Du mußt die Wölfin mit nach Leipzig nehmen, sonst verhungert sie hier in Merzig“, waren ihre Worte. Ich laß mich da so schnell nicht aus der Ruhe bringen, denn bei zunehmendem Alter werden Wolfswelpen von Tag zu Tag hungriger. Immerhin waren noch vier Tage Zeit. So nahm Erika den weiblichen Welpen und reichte ihm das Fläschchen und ich den männlichen. Es ging aber nur langsam voran. Mein Säugling hatte das Fläschchen schon lange leer, da mußte die Milch für die Welpin noch einmal aufgewärmt werden. Bekam sie dann von mir das Fläschchen gegeben, trank sie es in einem Zug aus. Zum Verrücktwerden. Da jetzt nur noch zwei Tage Zeit waren, dachte ich ebenfalls schon an die Mitnahme nach Leipzig. Aber welche Umstände wären da auf mich zugekommen? So wurde entschieden, daß nach dem Aufwärmen der Milch erneut Erika diese der Wölfin anbietet. Und siehe da, am letzten Tag vor der Abfahrt klappte es schon ganz gut, so daß ich die Fahrt ohne die Wölfin nach Leipzig antreten konnte.

Ellesmeer – die Fischfangspezialistin.

Am 7. Mai spät abends, die Welpen jetzt im Alter von 15 Tagen, erlebte ich eine erneute Überraschung mit diesem kleinen Wolfsweib. Nachdem die Welpen ihr Fläschchen getrunken und sich gelöst hatten, lag ich auf dem Zimmerboden und ahmte den summenden Wolfslockruf nach. In diesem Alter kommen sie halb kriechend, halb laufend zu mir und belecken meinen Fang (Mund und Lippen), um sich anschließend an mich zu kuscheln. Der männliche Welpe kam direkt auf mich zugelaufen und schmiegte sich an meinen Körper. Sie dagegen kam etwas später, da sie im

Zimmer eine größere Runde gedreht hatte. So etwa fünfzig Zentimeter vor meinem Kopf hielt die Welpin inne, nahm Wind auf, so nennt dies die Jägersprache, und ging zurück. Was ist denn das, schoß es mir durch den Kopf. Schnelles Denken und Handeln sind mein Naturell. Das Leben mit Wölfen hat meine Sinne geschärft. Der Fehler war sofort erkannt: Kurz vorher war ich bei den Sibirischen Wölfen und hatte meinen Bart zu waschen vergessen. Diesen sofort gewaschen, erneuter Lockruf und das schlaue kleine Wolfsweib kam zu mir und beleckte meinen Fang.

## Ankunft der Leipziger

Am 8. Mai kam ich am späten Nachmittag mit dem Zug in Leipzig an, nahm mir ein Taxi und fuhr sofort zum Zoo, um mir in der Wolfsanlage dort das Rudel anzusehen. Die Tiere machten auf mich einen gesunden Eindruck, auch war eine gewisse Ausgeglichenheit innerhalb des Rudels

Schnee – die ideale Zeit der Arktiswölfe.

festzustellen. Nachdem ich mich dort eine Weile aufgehalten hatte, machte ich einen Rundgang durch den Zoo und unterhielt mich auch noch mit dem Affentierpfleger, der Spätdienst hatte. Für den nächsten Morgen war ich um sieben Uhr mit Dr. Bernhardt verabredet, der für die Raubtiere des Zoos zuständig ist. Wie vorher am Telefon besprochen, sollte ich drei Welpen, zwei männliche und ein weibliches Tier, bekommen. In der Fachsprache heißt dies 2, 1 Tiere. Die Zahl vor dem Komma bezeichnet das männliche, die danach das weibliche Tier. Dr. Bernhardt stellte mich noch Prof. Dr. Eulenberger vor und wir tranken zusammen eine Tasse Kaffee und unterhielten uns über Probleme in der Haltung von Polarwölfen.

Gegen acht Uhr sagte Dr. Bernhardt zur Raubtierpflegerin, welche auch für die Wölfe verantwortlich

Im Schnee fühlen sich die Arktis-Wölfe am wohlsten.

ist, sie solle mich begleiten, um die Welpen aus der Wurfbox zu holen. Sie lehnte es ab, wofür ich vollstes Verständnis hatte. Es war ein Zeichen, daß sie ihren Beruf mit Gefühl zu den Tieren ausführt. Als junger Raubtierpfleger damals in der Stuttgarter „Wilhelma" hätte ich auch nicht anders gehandelt. So begab ich mich mit Dr. Bernhardt zur Wurfbox. Das Rudel war inzwischen durch einen Schieber getrennt und befand sich auf der Außenanlage. Dort fand ich vier kräftige Welpen und einen Winzling vor. Dr. Bernhardt hatte mich aber darauf aufmerksam gemacht und mir gesagt, daß der eine Welpe sehr schwach ist. Die geschlechtliche Zusammensetzung der Welpen war 2, 3. Eigentlich wollte ich nur männliche Welpen, da ich schon eine Wölfin aus Stralsund hatte. Aber als Dr. Bernhardt mir am Telefon sagte, sie wollten einen männlichen Welpen behalten, gab ich ihm prompt zur Antwort, daß ich dann 2,1 nehmen wolle. Damit war er einverstanden. (Über das Problem mehrerer Wölfinnen im Rudel später in diesem Buch). So nahm ich zuerst den schwachen Welpen aus der Wurfbox, gab ihn in die Transporttasche, um den nächsten Welpen herauszunehmen.

Nachdem ich die männlichen Welpen aus der Kiste geholt hatte, gefiel mir einer der weiblichen besser, als der, den ich bereits in der linken Hand hatte. Ich überlegte kurz, ob ich nicht den schönsten und größten weiblichen Welpen aussuchen sollte. Nein, schoß es mir durch den Kopf, du entscheidest, welches zukünftige Leben dieses kleine Individuum hat, es liegt in deiner Hand. So hast du genommen, damit entschieden. Tauschen kam nicht in Frage. Heißes Wasser ließ ich mir in der Zooküche in die Thermosflasche füllen, das Taxi zum Bahnhof stand bereit, um von dort nach Merzig zu fahren.

Nachdem der Zug abgefahren war, sah ich mir als erstes den schwachen Welpen näher an. Er hatte an den Vorderläufen mehrere Schürfwunden, was darauf zurückzuführen war, daß seine stärkeren Geschwister ihn am Gesäuge der Wölfin auf den rauhen Betonboden zurückgedrängt hatten. Das vorhandene Stroh wurde bei dem Gedränge am Gesäuge weggeschoben. In dem Wagen der ersten Klasse hatte ich genügend Platz zur Versorgung meiner Welpen. Es waren die gleichen Handlungen und Vörgänge wie auf der Fahrt von Stralsund sieben Tage vorher. Sorge machte mir der schwache Welpe. Werden wir ihn durchbekommen? Er war nicht nur klein, sondern er zeigte auch sichtlich Schwäche beim Trinken aus dem Fläschchen. Meine Beurteilung seiner Überlebenschancen war fünfzig zu fünfzig. Klar, meine Handlung war gegen die Gesetze der Natur; denn im Welpenalter stirbt ein Teil der Wölfe, da sie von den Geschwistern von der Milchquelle abgedrückt werden.

Bei Wölfen gilt das Naturgesetz, nur der Stärkste setzt sich durch. Der Lebenskampf von Wolfswelpen beginnt, sobald sie zur Welt kommen und von der Wölfin trocken geleckt sind. Denn die Individuen mit dem stärksten Durchsetzungsvermögen schieben die anderen zur Seite, um in die Mitte des Wurfes zu kommen. Dort werden sie von den anderen Welpen von allen Seiten gewärmt. Dies konnte ich vor Jahren eindeutig bei einem Wurf meiner Arktiswölfin beobachten. Die Welpen nahm ich einige Stunden nach der Geburt aus der Höhle, um sie mit dem Fläschchen aufzuziehen. Der Grund bestand einfach darin, daß sie das Jahr vorher keine Milch hatte und die Welpen verhungerten. Diese Welpen kennzeichnete ich mit verschiedenen Farben und stellte nach dem Austrinken der Fläschchen fest, daß immer die mit der gleichen Farbe in der Mitte des Wurfes lagen. Dabei war zu beobachten, daß sie in die Mitte drängten, die anderen Welpen wurden zur Seite geschoben.

In Merzig mit den Welpen angekommen, gab ich sie zuerst mal in eine mit warmen Decken ausgelegte Kiste. Sodann wurden die Welpen gewogen. Der männliche Welpe wog 1550 g, die Welpin 1420 g und unser kleiner nur 720 g. Jetzt befanden sich fünf Welpen in unserem Wohnzimmer. Die einen siebzehn Tage alt, die anderen neun Tage alt. Die Älteren wurden jetzt alle zwei Stunden nur noch von sechs Uhr früh bis Mitternacht versorgt. Die Neuankömmlinge mußten alle zwei Stunden Tag und Nacht versorgt werden. Praktisch gesehen waren zu diesem Zeitpunkt zwei Rudel Wolfswelpen aufzuziehen. Das ist ganz schön anstrengend, und ich war froh, daß ich endlich mal durchgehend schlafen konnte, als ich von Merzig mit dem Zug nach Leipzig fuhr. Vorher hatte ich ja auch nicht schlafen können, da die eine Wölfin nur von mir das Milchfläschchen annahm, so daß Erika mich nachts nicht ablösen konnte.

Alleine wäre es für uns nicht möglich gewesen, weiterhin diese zwei Welpenrudel aufzuziehen. Deshalb war das Ganze von mir durchorganisiert. So kamen am achten Mai Hildegard Hoppe aus Düsseldorf, welche schon zum dritten Mal Wolfswelpen mit uns aufzieht, sowie Tatjana Rogman und Bianca Hemminga aus Holland nach Merzig. Sie hatten sich schon vor längerer Zeit angeboten, die Wolfswelpen mit aufzuziehen. Also wurden die Welpen und ich schon erwartet, was für Erika und mich eine große Erleichterung bedeutete. Am zehnten Mai zogen wir mit den Welpen in das

Freudige Begrüßungen können auch zu Blessuren führen. Konzentration und schnelle Reaktion werden von mir verlangt.

eigens für sie gebaute und geheizte Holzhaus um. Noch eine Woche mußten die Welpen aus Leipzig alle zwei Stunden Tag und Nacht versorgt werden, dann konnten wir schlafen: von Mitternacht bis sechs Uhr morgens. Die Aufzucht von Welpen aus zwei Würfen und verschiedenen Alters ist mit erheblich mehr Arbeit verbunden. Vor allen Dingen auch das Zusammenbringen der Welpen. Gezwungenermaßen hatte ich dieses gleiche Problem mit der Aufzucht der Europäischen Wölfe zwei Jahre zuvor. Wiederum hatte es mir aber neue Erkenntnisse über das Leben von Wolfswelpen innerhalb der ersten vier bis fünf Wochen gebracht. Sie handeln so wie erwachsene Wölfe, wenn ein oder mehrere Wölfe plötzlich in ihr Revier oder ihre Nähe kommen.

Damit man die Welpen besser auseinanderhalten kann, bekommen sie Namen. Das überließ ich den Frauen. Nach einigen Diskussionen waren die Namen nach einer Woche festgelegt. Die Welpen aus Stralsund hießen nun McKinley und Ellesmeer, die aus Leipzig bekamen die Namen Chaca, Alaska und Nanuk. Bei den Europäischen Wölfen zwei Jahre zuvor lag die Geburtszeit drei Wochen auseinander. Beim Versuch einem der älteren Welpen einen jüngeren zu zeigen, stürzte sich der Ältere auf den Jüngeren, um ihn am Hals zu packen. Und das mit einer Aggression, die sonst nur bei älteren Wölfen in besonderen Situationen zu finden ist. Natürlich packte ich den angreifenden Welpen sofort im Genick, da ich auf eine solche Reaktion gefaßt war. Die Tötungsabsicht war unmißverständlich zu erkennen. Das gleiche probierte ich jetzt mit den Polarwölfen, der eine drei Wochen alt, der andere vierzehn Tage. Die gleiche aggressive Reaktion, obwohl nur eine Woche auseinander. Anderer Geruch, anderes Rudel. Welch eine Feinfühligkeit und Aggression kommen durch den naturbedingten Einsatz der Sinnesorgane in Sekundenschnelle bei Wolfswelpen in solch

Der Alpha-Wolf Peter an meiner Seite.
Die anderen Wölfe sind unter sich.

einer Situation zum Tragen! Und das bei einem Körpergewicht von etwa 2000 bis 2500 Gramm. Bei kleineren Beutetieren, zum Beispiel bei Kaninchen oder Hühnern, zeigen Europäische Wölfe etwa ab der achten bis zehnten Lebenswoche und Polarwölfe ab der zwölften Woche kampfbetonte Tötungsabsichten, ja sie töten auch. Bei zunehmendem Alter wirken sie Beutetieren gegenüber direkter. Bei der ersten Begegnung mit einem Beutetier, in dem von mir angegebenen Alter, zeigen sich Wölfe kurz verhalten, reagieren aber dann schnell. Aber das ist in keiner Weise zu vergleichen mit der aggressiven, sofortigen und übergangslosen Reaktion eines älteren Welpen gegenüber einem Welpen gleicher Art aus einem anderen Wurf. Vielleicht ist darin Selbsterhaltungstrieb und Revierverteidigung gegenüber dem anders riechenden Artgenossen zu erkennen. In beiden Fällen richtete sich der Angriff gegen den Hals des anderen Welpen. Jetzt lag die Entscheidung, wie es weitergehen sollte, an mir. Mit wem sollte ich mich beraten, wer lebte auf die gleiche innige Weise in dieser für Menschen doch komplizierten Wolfswelt? Aus diesen fünf Welpen mit zwei Wölfinnen mußte in nächster Zeit ein Jungwolfrudel werden, das im September in das Rudel der Polarwölfe eingegliedert werden sollte.

Ende September auf dem Weg zum Wolfspark.

## Sorgenkind Nanuk

Da es zum jetzigen Zeitpunkt unmöglich war, die Welpen nachts mit mir in einer Schlafstelle zu lassen, ließ ich diese, da sie groß genug waren, aufteilen. So schlief ich die eine Nacht bei den Stralsundern und die andere bei den Leipzigern. Zugleich gab ich die Welpen bei jedem Wechsel in den Raum der anderen, um eine Geruchsübertragung stattfinden zu lassen, einerseits unter den Welpen, andererseits der Welpen mir gegenüber, da ich ja den Geruch beider Würfe an meinen Kleidern hatte und somit, was nicht zu vergessen ist, die Mutter beider Würfe war. Zudem waren wir nachts nur durch eine dünne Holztür getrennt und neugierig, wie Wölfe nun mal sind, nahmen sie Geruchs- und Gehörkontakt am Boden und durch einen Spalt an der Tür auf. Auch wurden die Welpen durch meine Mitarbeiterinnen getrennt mit dem Milchfläschchen gefüttert. Wenn sie getrunken hatten, sammelten sie sich, angelockt durch den Wolfsammelruf bei mir, wobei ich jeweils auf dem Boden der Hütte lag. Fingen sie an zu schlafen, wurden sie in ihren Raum gebracht.

Ein Problem stellte der kleine Nanuk dar. Zuerst entschied ich, daß er von Hildegard versorgt werden sollte, da sie gegenüber den zwei Holländerinnen Erfahrungen in der Aufzucht von Wolfswelpen hatte. Bald stellte sich aber heraus, daß Tatjana und Bianca besonders hervorragende Mitarbeiterinnen waren. So wurde beim Fertigstellen der Milch, beim Beobachten des Kotes, beim Reinigen der Hütte und der Behandlung der Welpen tageweise gewechselt. Hatte einer von ihnen Durchfall, so wurde ihm sofort das vorhandene Mittel gegeben. Dem kleinen Nanuk wurden seine noch von Leipzig herrührenden Schürfwunden mit Salbe versorgt. Schon nach kurzem stellte Hildegard fest, daß das rechte Auge von Nanuk trübe war. Ein Anruf genügte und Dr. Schrader, ein mit mir befreundeter Augenarzt, war zur Stelle. Diagnose: Hornhautverletzung. Der Augenarzt gab uns zwei verschiedene Salben, die im Wechsel aufgetragen wurden. In den nächsten Tagen zeigte sich sichtlich eine Besserung, und nach vierzehn Tagen war das Auge geheilt. Diese Hornhautverletzung am Auge hat der Welpe mit aller Wahrscheinlichkeit ebenfalls am Gesäuge der Wölfin bekommen, als die anderen ihn abdrängten. Nach meinem Gefühl zu urteilen, wäre er nach zwei bis drei Tagen, hätte ich ihn nicht aus Leipzig weggeholt, durch Verhungern gestorben. Da er während des Trinkens immer müde wurde und Schwäche zeigte, bedurfte es großer Geduld, ihm tröpfchenweise die Milch zuzuführen. So beschlossen wir, daß Nanuk auch in der dritten Lebenswoche alle zwei Stunden Tag und Nacht das Fläschchen bekam. Anfangs gab ihm Hildegard weniger Milch als den anderen Welpen, dann wurde er allmählich an die normale

Befreundete Wölfe.

Ration gewöhnt. Zusehends war es eine Freude für uns, als er begann, mit seinen Geschwistern Kontakt aufzunehmen, ja ein normales Wolfskind zu werden. Nach der dritten Woche trank er genau wie seine Geschwister.

Im Mitgefühl für Schwache und Behinderte sind wir zivilisierten Menschen doch anders als Wölfe. Dort gelten die Gesetze: Lebe oder sterbe, der Stärkste setzt sich durch. Dies sind einfache, durch die Lebensbedingungen unter oft extremen Verhältnissen geforderte Naturgesetze. Die Zivilisation stellt eine völlig andere Welt als Wildnis und freie Natur dar. Mein Problem ist es, daß ich in beiden Welten lebe, ja, wenn man es richtig sieht, auch noch in einer dritten. Denn ich entwickele und fühle genau den gleichen Mutterinstinkt wie die Frauen, die seit Jahren mit mir Wolfswelpen aufziehen. Im Volksmund sagt man, das ist eine gute Mutter. Mir ist das wohl nicht angeboren, sondern ich habe es in der Kinderprägungszeit bei der Aufzucht von Küken, Gänsen, Ziegen, Schafen, Kälbern, Fohlen, Schweinen, Katzen und Hunden von der Mutter erlernt. Ohne Anleitung zog es mich schon als Kind zu allen Tieren hin, dabei immer meine Mutter in ihrem Umgang mit ihnen beobachtend. Ich hing ihr regelrecht am Rock. Ohne Aufforderung begann ich, ihren Umgang mit Tieren nachzuahmen. Die entscheidende Rolle spielten die Hunde. Was sie anbetraf, war ich selbst meiner Mutter ein Rätsel. Man suchte mich auf dem Bauernhof, rief meinen Namen, aber ich gab keine Antwort, denn ich lag im Alter von vier Jahren verbotenerweise bei einer während dieser Zeit sehr aggressiven Hütehündin in der Hütte bei den Welpen.

Ich war sicher kein einfaches Kind. Vor allem nicht, als ich im Alter von sechs Jahren in der Schule Hochdeutsch lernen sollte, denn bis dahin hatte ich nur oberhessischen Dialekt gesprochen. Mein Lehrer Rudolf Lutz, zugleich Nachbar von uns, hatte es nicht leicht mit mir. So stritt ich mit ihm. Wenn er Ziege sagte, kam von mir die Antwort: „Nein, das ist die Gaast." Sprach er von Heu: „Nein, das ist Haa" usw. Schließlich machten meine Mutter und Herr Lutz mir klar, wenn ich nicht Hochdeutsch lerne und keine Hausaufgaben mache, darf ich nicht mehr zu meinem Hund. Da hatten sie mich in meiner Seele getroffen, und ich parierte. Was blieb mir auch anderes übrig.

Obwohl mit 18 Jahren von Zuhause weggegangen, spreche ich heute mit 62 Jahren noch original oberhessischen Dialekt. Das ist eben Prägungszeit im Leben. So durfte ich täglich zu meiner Hündin auf den Bauernhof und mit ihr anschließend zu den Schafen gehen. Wir beide waren ein Trupp und lebten in einer Art Kumpanei, wie ich es heute sehe. Ich lernte von ihr und sie von mir. Wir beide wählten uns eine Aufgabe, nämlich Schafe zu hüten. Wie man das macht, sahen wir uns bei dem Schäfer mit seinen Hunden ab. Wir beide waren ja Kinder.

So etwa nach einem Jahr waren wir beide wieder einmal bei der Herde. Da liefen einige Schafe auf einen Rübenacker; Flora, so hieß die Hündin, lief hin und trieb sie weg. Mein Onkel hütete an diesem Tag selber und meinte, Flora sei gut veranlagt, aber sie dürfe nur auf Kommando laufen. Er beobachtete mich und staunte: „Du arbeitest ja mit Zeichen." So war es tatsächlich. Auch fern der Schafe verständigten wir uns in der Zeichensprache. Die Hündin beobachtete mich und ich sie, wir schauten uns gegenseitig ins Gesicht. Sie reagierte auf jede Blickwendung von mir. Obwohl wir beide Kinder waren, war sie abhängig von mir, da ich ihr das Futter gab und somit das stärkere Kind war. Mein Onkel ließ uns gewähren. Augen- und Körpersprache waren Auslöser der Bewegung, durch Pfiff wurde die Rückkehr eingeleitet. Gelernt haben wir beide beim Schäfer und den älteren Hunden durch laufende Beobachtungen. Nur arbeiteten wir nicht mit der bei manchen Schäfern üblichen, lauten Schreierei.

Mit zwölf Jahren schenkte mir Herr Hammermann, ein Jäger aus Gießen, der in unserer Gemeinde die Jagd gepachtet hatte, einen Deutsch-Drahthaarwelpen. Er bekam den Namen Alf und wuchs mit mir auf, wie die Hütehündin Flora. Nur bewegten wir uns beide nicht bei den Schafen, sondern in Feld und Wald. Er blieb immer solange bei mir in der Nähe und gehorchte, wenn ich seinen Namen rief, bis er eine Wildspur aufgenommen hatte. Dann war er weg. Vom Abrichten eines Jagdhundes hatte ich keine Ahnung. Andererseits hatten wir keine Probleme. Alf kam immer wieder zurück, und wenn er mich nicht fand, lief er allein nach Hause. Oft hatte er einen blutverschmierten Fang. Hühner und Katzen waren vor ihm nicht sicher, auch Füchse, welche nicht schnell genug im Feld in einen Bau kamen, wurden von ihm gerissen. Im Wald spezialisierte er sich auf Rehe. Eines Tages waren wir wieder im Wald, ich hatte noch einen Schulkameraden dabei, da hörten wir Alf in einer Kieferschonung bellen. Den Lauten folgend, gingen wir, ich voran, in die Schonung. Da sah ich, wie Alf gerade ein Reh gerissen hatte. Als ich darauf zuging, setze er direkt zum Angriff auf mich an. Genauso direkt schlug ich ihm einen dicken Knüppel auf den Kopf, den ich immer mitführte und aus einem Schwarzdorn geschnitten hatte. Jetzt war nicht nur ich, sondern auch Alf sichtlich überrascht. Er zeigte sich mir gegenüber sofort untertänig. Warum ich so handelte, weiß ich nicht genau. War es Verteidigung aus Angst, instinktiv die Lage erkennend, oder Durchsetzungsvermögen gegenüber Alf. Erst anschließend stellte sich heraus, daß mein Vorgehen richtig war. Alf war nur mir gegenüber untertänig. Er hörte weder auf meine Mutter noch auf meinen Vater, einen der späten Kriegsrückkehrer. Hundefachleute nennen solch einen Hund Kopfhund, und bei den Wölfen ist dies für mich ein Alphawolf.

Wie ich es heute sehe, prägten mich gerade diese unbekümmerten Kinder- und Bubenjahre. Flora und Alf, deren Urvorfahren Wölfe sind, wuchsen mit mir auf. Von den Menschen waren sie als Hüte- und Jagdhunde gezüchtet, hatten aber bis zu einem gewissen Grade die Sprache und Handlungen der Wölfe behalten. So wie auch Konrad Lorenz als Kind mit seinen Enten und Gänsen quasi als „Ehrengans“ einhergezogen war, hatte auch ich die Möglichkeit zu einem unbekümmerten, von Anleitungen freien Umgang mit Hüte- und Jagdhunden und konnte mich so auf die Tiere einstellen. Was sich da abspielte war den Erwachsenen um uns herum, aber auch uns beiden selbst nicht ganz klar. Wir lebten ja in zwei Welten, einmal als Menschenkinder und andererseits als Kumpane von Tierkindern. Gut, daß Erwachsene kaum eingriffen, sondern nur Grenzen zu setzen versuchten. Allerdings wurden diese oft von uns nicht eingehalten. So entstanden während unserer Prägungszeit Verbindungen zu den Tieren, wie sie später kaum ein Erwachsener aufnehmen kann. Wir waren als Kinder Fremdlinge in der Erwachsenen- wie Kinderwelt. Denn auch die mit uns Heranwachsenden, konnten uns nicht richtig einordnen, da sie schon ein von den Eltern und Erwachsenen vorgegebenes Leben führten und kaum davon abwichen.

Doch nun wieder zurück zu den Wolfswelpen. Da generell alle Wolfswelpen stark verwurmt sind, führten wir nach vierzehn Tagen die erste Wurmkur durch. Es zeigte sich starker Befall von Spulwürmern, und so wurde diese Wurmkur noch zweimal im Abstand von vierzehn Tagen wiederholt. Ein Teil der Welpen stirbt durch zu starke Verwurmung. Weil dies ein Tierarzt in der Stuttgarter „Wilhelma" nicht erkannt hatte, ist mir ein mit dem Fläschchen aufgezogener Junglöwe im Alter von fünf Monaten an Wurmvergiftung gestorben. Das ergab die Obduktion. Mir fehlten damals als 18jährigem die Erfahrungen. Unsere Welpen wuchsen durch die gute Versorgung kräftig heran und wurden stundenweise in das Außengehege gegeben. Natürlich durch einen Drahtzaun getrennt, spielten sie jetzt schon häufiger miteinander und nahmen immer wieder Verbindung zu den anderen auf. Dabei lagen sie jeweils am Zaun entlang. Ihr Alter betrug jetzt vier und drei Wochen. Sie berochen sich am Zaun, waren aber gegenseitig reserviert. Ich wechselte laufend meinen Platz, um so eine Zusammengehörigkeit herzustellen. Die Welpen sollten fühlen, daß sie gemeinsam eine Mutter haben. Nachts wurde dieser Wechsel weiterhin durchgeführt. Da ich immer die gleiche Kleidung trug und keine Fremdgerüche an mich kommen ließ, paßten wir geruchsmäßig zusammen. Wann wir die Welpen zusammenführen sollten, war mir noch nicht klar. Auf Fragen meiner Mitarbeiter antwortete ich, es müsse noch beobachtet werden. Schon eine schwierige Sache – bei Wölfen gibt es einmal den Rudeldrang, dann wieder fremden Wölfen gegenüber ausgelöste Aggressivität und Angriffe. Und dies alles bereits bei Welpen. Es sollte und mußte ein Rudel werden. Aber dazu bedurfte es meinerseits Geduld, Einfühlungsvermögen und laufendes Beobachten.

## Die Zusammenführung wird vorbereitet

Inzwischen kenne ich die Gesetze der Wölfe zu gut, um nicht zu wissen: Entweder die Zusammenführung der Welpen gelingt beim ersten Versuch, oder sie ist für immer gescheitert. Menschlich gesehen gibt es da nur ein Ja oder ein Nein. Weitere Versuche sind zwecklos, da sie in keiner Weise den Wolfsgesetzen entsprechen. Wölfe lassen sich durch Menschen und deren menschliches Planen und Fühlen im Grunde genommen gar nichts aufdrängen. Ihre Welt ist eine andere. Da Wolfswelpen sehr schnell heranwachsen und man täglich nicht nur körperliche, sondern auch im Reagieren untereinander Veränderungen erkennen kann, ist ständiges Beobachten wichtig. Nach zwei bis drei Tagen täglicher Begegnungen am Zaun, gab es immer mehr Schnauzenkontakt, jedoch schnappte öfter mal Ellesmeer nach Nanuk. Kein gutes

Wenn ich zu heulen beginne, stimmen meine Wölfe mit ein.

Omen! Wenn sich das nicht änderte, konnte ich mein Vorhaben vergessen, Nanuk in das Gesamtrudel aufzunehmen. Zu diesem Zeitpunkt dachte ich mir, es würde eine Weile dauern, bis ich diese fünf Welpen zusammenbringen könnte. Nanuk wurde täglich kräftiger und gab es nicht auf, immer wieder Ellesmeer am Fang zu lecken. Und siehe da, nach etwa acht Tagen akzeptierte Ellesmeer ihn. Rein äußerlich war dies daran ersichtlich, daß sie Nanuk gegenüber mit ihrer Rute wedelte. Der soziale Kontakt zu Chaca und Alaska war schon in verhältnismäßig kurzer Zeit aufgenommen. Der Bruder von Ellesmeer, McKinley, akzeptierte die drei Welpen des anderen Wurfes schon bald nach der ersten Begegnung am Zaun. Um sicher zu gehen, wartete ich nach meiner freudigen Beobachtung noch einen Tag ab, und als ich erneut beobachtete, wie Nanuk Ellesmeer den Fang leckte und diese mit der Rute wedelte, öffnete ich die Tür. Und siehe da, McKinley und Ellesmeer kamen in das Gehege der drei und sie berochen sich gegenseitig. Nanuk lief gleich auf Ellesmeer zu, und sie nahm seine spielerische Untertänigkeit an. Meine Mitarbeiterinnen waren gerade beim Mittagessen und bei ihrer Zurückkunft erstaunt, in der Zwischenzeit alle fünf Welpen in einem Rudel zusammenzufinden. Es regnete Vorwürfe: Warum hast du uns nicht gesagt, daß die Welpen jetzt zusammenkommen. Das hätten wir gerne gesehen usw. Ich mußte ihnen entgegnen, daß ich das vorher selbst nicht genau gewußt hatte. Hier hatte ich wie ein Wolf gehandelt: beobachten, einordnen, handeln. So war es glücklich gelungen, die Welpen im Alter von vier bzw. fünf Wochen zu einem Rudel zusammenzuführen. Die nächste Nacht schliefen wir zusammen in einem größeren Raum. Die Zwischentür ließ ich entfernen. Dieses Übernachten ist für mich nichts Neues, denn seit über 23 Jahren bin ich nachts, wenn ich ein Welpenrudel aufziehe, immer mit diesen im Stroh oder auf einer alten Matratze zusammen.

Es war eine wahre Idylle. Manche Welpen wechselten den Platz, lagen mal auf mir, suchten dann an einer anderen Stelle meine Körperwärme, andere beharrten auf ihrem ständigen Platz. Das war bei diesem Rudel vor allem Ellesmeer. Mit ihrem Köpfchen, oft auch mit dem ganzen Körper, behauptete sie den Platz auf meinem Hals. Ihr Bruder McKinley lag dicht daneben, suchte sich aber bald wieder eine andere Stelle an meinem Körper. Ellesmeer beharrte in diesem Alter grundsätzlich auf ihren Stammplatz. Menschliches Denken und Fühlen muß man hier außer Acht lassen. Es dauerte eine lange Zeit des Zusammenlebens mit den Wölfen, bis ich das vollkommen begriff. Der Macht- und Überlebenskampf der einzelnen Wolfsindividuen, am Gesäuge der Wölfin beginnend, setzt sich hier weiter fort. Dieser von uns Menschen als Zeichen besonderer Zuneigung betrachtete Schlafplatz von Ellesmeer ist von dem Wolfsindividuum aus gesehen, eine Machtdemonstration den anderen Welpen gegenüber. Der Kopf ist bei Mensch wie Wolf die Funktions- und Futterzentrale, von hier aus erwirkt man sich Vorteile und wird geherrscht. Das wissen Wolfswelpen in diesem Alter instinktiv ganz genau. Meine Erfahrung sagt aus, daß wesensstarke Welpen, wenn sie nachts wach sind, die anderen Welpen von meinem Kopf wegdrücken, wenn diese sich dorthin begeben. Im schnellen Heranwachsen von Wolfswelpen erstreckt sich dieser Ablauf über drei bis vier Wochen, so etwa ab der vierten Lebenswoche. Bis zu diesem Zeitpunkt hat sich einiges im Leben eines Welpenrudels geklärt. Die Welpen mit dem Schlafplatz ganz oben am Kopf, sind auch die dominantesten am Fleisch oder an kleinen Futtertieren.

Nanuk, der Zurückgebliebene, baute immer mehr auf. Er entwickelte seine eigenen Strategien. So zeigte er sich untertänig gegenüber McKinley und Ellesmeer und wurde daraufhin von beiden akzeptiert. Auch mit Alaska kam er klar, nur Chaca versuchte ihn zu unterdrücken. Das zeigte sich ganz deutlich, wenn die Welpen Fleisch oder kleine Futtertiere bekamen. Nanuk wartete ab, und wenn sich die anderen um die besten Brocken stritten, schnappte er sich blitzschnell ein Stück und verschwand zwischen den Sträuchern im hohen Gras. Dort fraß er für sich, um nach einigen Minuten erneut das gleiche zu tun, bis er satt war. Besonders gerne fraß er Hühnermägen. Gab ich blutwarme Hühner an die Futterstelle, so wurden diese zuerst am Bauch aufgerissen und zugleich die Köpfe gefressen. Dabei habe ich oft beobachtet, wie Nanuk, nachdem er den Magen seines Huhnes gefressen hatte, darauf lauerte bis einer der anderen Wölfe nicht konzentriert aufpaßte, um bei

Ellesmeer und McKinley ruhen im Gras.

dessen Huhn den Magen herauszureißen. Es ist nicht etwa so, daß jeder das Huhn behält, das ich ihm gebe, denn schon bald beginnen die Auseinandersetzungen. Einer nimmt dem anderen die Beute weg, verteidigt dann seine zwei Hühner gegen die anderen. Es sind praktisch Beutespiele am laufenden Band, gepaart mit Beutebehauptung, Verteidigung, Wegnehmen und Durchsetzen dem anderen gegenüber. Aggressiver Kampf, Körpereinsatz, angeborene Wesensstärke und Durchsetzungsvermögen kommen ganz deutlich zum Tragen.

Anfangs schnitt ich kleine Beutetiere auf, damit die Welpen an die Innereien herankommen, da sie das sonst mit ihren Welpenzähnchen nicht schaffen. Aber bei ihrer schnellen Entwicklung konnten sie dies bald alleine tun. Zur Fütterung habe ich in der Regel Fleischteile größerer Tiere, auch zerschnittene, neugeborene Kälber. Dann kauen die Wölfe gerne längere Zeit an den Kalbsknochen herum. Dies ist gut für die Entwicklung ihres Gebisses und die Kalkzufuhr für den Körper. Um den Jagdtrieb nicht ganz verkommen zu lassen, töte ich einzelne kleine Beutetiere vor den Augen der Wölfe und gebe sie direkt in das Gehege. Blitzschnell stürzen sich die Wölfe auf die noch zappelnden und flatternden Hühner. Der Beutetrieb kommt voll zum Tragen, ganz klar ist zu ersehen, wer in diesem Welpen-, später Jungwolfrudel die dominantesten Individuen sind. Wölfe sind eben Tiere, die sich von Fleisch ernähren, und diese Nahrung wächst eben nicht auf der Wiese. Da es durch das Tierschutzgesetz verboten ist, Wölfe an lebende Wirbeltiere heranzulassen, wird das Töten durch mich durchgeführt und die Beute unmittel-

Alpha-Wolf Peter in Beobachtungsstellung.

bar den Wölfen überlassen. So ist in dieser Beziehung eine etwa artgerechte Tierhaltung gegeben.

Dieses Töten der Beutetiere wird von mir seit fünfzig Jahren fachgerecht durchgeführt. Ich bin jetzt 62 Jahre alt und habe dies mit zwölf Jahren erlernt und ausgeführt. In dem damals kleinen Dorf Garbenteich in Oberhessen in der Landwirtschaft und vor allen Dingen in der Schafzucht aufgewachsen, wurde mir diese Aufgabe übertragen. Mein Vater und mein Onkel waren im Krieg, dann in der Gefangenschaft, der Opa lag krank im Bett. So waren 450 Schafe von mir und Gregor, einem russischen Kriegsgefangenen, zu versorgen. Wir beide waren Freunde. Einer war auf den anderen angewiesen. Aber dann stand ich alleine da, weil Gregor nach Kriegsende in seine Heimat zurückkehrte. Hüten, Pferche errichten, Geburtshilfe, schlachten und nachts bei Schafen in einer Schäferhütte mit drei Hunden zu schlafen, waren nun meine Aufgaben. Wenn nicht gerade ein Lamm oder Schaf verendet war, schlachtete ich ein altes Schaf und verfütterte es an die Hunde. Für einen Jungen in der heutigen Zeit unvorstellbar. Es war ein hartes Leben, aber es hat mich als Naturmenschen geprägt. Es gab die Grundlage dafür, heute mit vielen Wölfen ihr Leben zu teilen. Die Wölfe passen zu mir und ich zu den Wölfen.

Ab der sechsten Lebenswoche wurden die Welpen an ein Halsband und die Leine gewöhnt, um mit ihnen das Aufzuchtgehege verlassen zu können. Sie sollten ja später in ein für sie fremdes Gelände geführt werden, um frei laufen zu können, und Ende September wartete die Überführung in das Gehege zu den erwachsenen Wölfen auf sie. Das ist eben der Fortschritt unserer Zivilisation, es gibt in Feld und Wald nur noch wenige Gebiete, die nicht von einer Straße durchschnitten sind. So nahm ich mit meinen Mitarbeitern die Wölfe ab der achten Lebenswoche aus dem Aufzuchtgehege, und sie wurden stundenweise ins Gelände geführt. Dort konnten sie dann frei herumlaufen. Wenn sie zu weit weg waren, kamen sie auf meinen Sammelruf oder auf mein Heulen zurück. Junge Wölfe sind neugierig. Bei den ersten Ausflügen blieben sie immer in unserer Nähe, dann entfernten sie sich immer weiter von uns. Eigentlich gar kein Problem, wenn da die Straßen nicht wären, denn seit Jahren verständige ich mich durch Heulen auf weite Entfernung mit meinen Wölfen. Um Wölfe artgerecht aufwachsen zu lassen, gelten andere Regeln wie bei der Aufzucht von Junghunden oder Schoßhündchen. Im April/Mai geboren, gehen sie bereits im November/Dezember mit dem Rudel als vollwertige Mitglieder zur Jagd. Also eine gerafftere und schnellere Entwicklung, als beim gleichaltrigen Hund. So etwa von der zehnten bis zwölften Woche an, sind Wölfe für mich keine Welpen mehr, sondern eindeutig Jungwölfe, denn sie sind in der Lage, Tiere in der Größe eines Kaninchens oder Huhnes zu töten.

Europäische Wölfe sind da vierzehn Tage bis drei Wochen den Polarwölfen in dieser gezielten Handlung voraus. Diese Entwicklung hat wohl ihren Ursprung in der Natur ihres Ursprungslandes.
Ab dem vierten Lebensmonat ist eine parallele Entwicklung zwischen Europäischen und Polarwölfen zu erkennen. Indische Wölfe entwickeln sich noch schneller als Europäische Wölfe. Bei weitem ist hier nicht das gleiche Rudelverhalten zu erkennen wie bei den Polarwölfen. Die praktische Erfahrung mit verschiedenen Wolfsarten in über zwanzig Jahren zeigt mir durchgehend folgende eindeutige Entwicklungsphasen: Der Lebenskampf beginnt am Gesäuge der Wölfin, die gleichen Welpen, welche sich da durchsetzen, sind in der Mitte des Welpennestes zu finden. Wenn die Wölfin die Höhle verläßt, holen sie sich die Körperwärme des anderen. Schwache, zurückgedrängte Welpen sterben schon in der Höhle, bevor die Welpen in der drit-

ten bis vierten Lebenswoche zum ersten Mal aus der Höhle kriechen. Beobachten konnte ich in vielen Jahren bei verschiedenen Wolfswürfen, daß Welpen mit dem zwölften oder dreizehnten Lebenstag die Augen öffnen. Einzelne Welpen heulten schon im Lebensalter von dreizehn oder vierzehn Tagen, andere zwei bis drei Tage später. Erstmals war ich vor einigen Jahren darüber erstaunt, als mein Wolfsrudel vor dem Haus heulte und ein Welpe sein Köpfchen hochhob und mit seiner Welpenstimme mitzuheulen versuchte. Wiederholungen gleicher Art waren bei späteren Welpen, jedoch ausgelöst von mir, festzustellen. Obwohl Wolfswelpen bis zur dritten Woche, kleinen Hundewelpen ähnlich, noch etwas unbeholfen wirken, spielt sich jedoch, was die Entwicklung der Sinnesorgane betrifft, bei diesen kleinen Individuen Außergewöhnliches ab, was wir Menschen gar nicht mitbekommen, wenn wir nicht in ihrer Welt leben. Zugegeben, anfangs habe auch ich viel übersehen, da mir diese Wolfswelt zu fremd war. Ich wollte diese Welt verstehen, es fehlte mir aber das wölfische Einfühlungsvermögen. Durch die vielen Jahre bin ich zum Kumpan der Wölfe geworden, ihre Welt ist meine Welt.

Ja, ich lebe in ihrer Welt. Das bringt mit sich, daß wir uns gegenseitig beobachten, wenn wir zusammen sind. Dies findet im Welpenalter ununterbrochen statt, wenn sie Milch bekommen oder ich After und die Geschlechtsteile massiere, damit sie Kot und Urin von sich geben. Das alles findet in den ersten vierzehn Tagen alle zwei Stunden Tag und Nacht statt, ab dann nur noch von sechs Uhr morgens bis Mitternacht. Danach kriechen die Welpen an meinen Körper, suchen die Wärme und schlafen mit mir ein. Da sind die täglichen Veränderungen bei zunehmendem Alter bis zur dritten Woche ganz deutlich zu beobachten. Täglich wirken ihre Bewegungen gezielter, wenn sie sich zu meinem Körper begeben. Sie suchen meinen Fang, um ihn zu belecken, nehmen mein von den Wölfen erlerntes Locksummen auf und orientieren sich nach ihrem Geruchssinn in Richtung ihrer Wolfmutter, die ich auf dem Boden liegend bin. Während dieser Zeit trage ich die gleiche Kleidung, die bis zur vierten Lebenswoche der Welpen auch nicht gewaschen wird. Fremdgerüche werden ferngehalten. Ich erinnere daran, wie die damals sechzehn Tage alte Ellesmeer förmlich vor mir zurückwich, als ich einmal nach der Rückkehr von den Europäischen Wölfen meinen Bart nicht gewaschen hatte.

## Der Alphawolf – ein vorbildlicher Vater

Obwohl die Welpen sich bis zur dritten Lebenswoche teils kriechend, teils laufend zu bewegen versuchen, dabei immer wieder umfallen, also noch unbeholfen wirken, sind ihre Sinnesorgane doch weitgehend ausgebildet. Dies kann man in der freien Natur nicht beobachten, da sich da alles in der Höhle abspielt. Sobald die Welpen in der dritten bis vierten Woche die Höhle verlassen, erwartet sie eine zweite Mutter, und die ist männlich, nämlich der Alphawolf. Ab der Geburt der Welpen liegt der Alphawolf in Höhlennähe, verjagt andere Wölfe, läuft auch oft vor der Höhle hin und her und gibt den summenden Lockruf von sich. Dies steigert sich von Tag zu Tag bis zum Herauskommen der Welpen aus der Höhle. Nicht etwa die Wölfin führt die Welpen aus der Höhle, sondern die dominanten Welpen reagieren auf den Lockruf des Alphawolfs. Sie bewegen sich zu dem wartenden Alphawolf und laufen mit ihrem Welpengewinsel direkt auf dessen Fang zu. Der Vater streckt den Welpen den Fang entgegen und würgt Fleisch hoch, das ihm von den Welpen gierig aus dem Fang gerissen wird. So nacheinander kommen auch die anderen Welpen aus der Höhle und es entstehen am Fang des Wolfes und der Wölfin Rangeleien, denn auch sie erbricht Fleischteile. Welpen mit dem größeren Durchsetzungsvermögen werden am schnellsten satt. In den ersten Tagen nehmen die Welpen das Fleisch direkt aus dem Fang, dies gleicht etwa einer Vogelfütterung der Jungvögel im Nest. Aber bald brechen die Alttiere das Fleisch einfach vor den Welpen aus und es entsteht eine stärkere Aktivität unter den Welpen. Durchsetzen, Abdrücken, Wegreißen, schneller sein als der andere, Lebenskampf, die bedingten instinktgesteuerten Methoden des Wolfslebens.

Intensiv konnte ich das alles vor acht Jahren beobachten, als ich in dem 3.000 qm großen, Besuchern nicht zugänglichen Gehege am Ellerhof nach der Geburt der Welpen mit dem Alphawolf Otto täglich minuten- oder stundenweise vor der Höhle lag. Wenn er lockte, imitierte ich dies auch. In der ersten Lebenswoche verhält sich der Alphawolf recht ruhig, spitzt ab und zu die Ohren und geht riechend im Abstand an der Höhle vorbei. Kommt die Wölfin ein oder zwei Tage nach der Geburt aus der Höhle, um sich zu versorgen und zu entleeren, nehmen sie und der Wolf kaum Notiz voneinander. Der Wolf nutzt nicht etwa die Gelegenheit, wenn sich die Wölfin für kurze Zeit weiter von der Höhle entfernt, um sich der Höhle zu nähern oder sogar hineinzukriechen, sondern er hält in der Regel den gleichen Abstand. Wird er neugierig und wagt sich zu weit vor, knurrt die zurückkommende Wölfin ihn kurz an und geht hinein. Vereinzelt, nicht jedesmal, schon gar nicht in den ersten Tagen, treffen die Wölfin und auch der Alphawolf mit dem Rudel in einer Art Begrüßung zusammen. Dies währt aber nur einen kurzen Moment, und die Wölfin läuft schnell wieder zurück zu ihren Welpen. Andere Wölfe wagen sich nicht in die Nähe der Höhle. Versucht es der eine oder andere aus Neugier trotzdem, weist der Alphawolf durch seine Körperhaltung und Gesten diesen zurück. Dies geht diszipliniert vonstatten. Es gibt kein Wenn und Aber und der oder die sich nähernden Wölfe gehen zurück.

Je näher der Tag herankommt, an dem die Welpen die Höhle zum ersten Mal verlassen, je länger hält sich der Alphawolf in der Nähe der Höhle auf, und es ist eine Steigerung seiner Lockrufe zu erkennen.

Ellesmeer – eine besonders kluge Wölfin.

Die beiden Jungwölfe zeigen Untertänigkeit dem Alpha-Wolf gegenüber.

Else. Sie beleckte sogleich meinen Fang. Auch sie würgte Fleisch hoch und versorgte die Welpen.

Eine richtige Familienidylle spielte sich vor der Höhle ab. Dabei hatte ich mich doch auf Kuckucksart dort eingemogelt, wo ich nach den Gesetzen der Natur gar nicht hingehöre. Bis jetzt hatte alles gut geklappt, aber nehmen die Welpen auch Fleisch aus meinem Fang, war meine Frage. Vorbereitet war dies. Ich hatte kleine Fleischstücke in meiner Tasche. Als die vier Welpen wahrnahmen, daß Else und Otto mir am Fang leckten, taten sie dies nacheinander auch. Schnell schob ich Fleisch in den Mund und siehe da, sie nahmen es genau wie von ihren Eltern. Das war für mich eine große Freude. War es mir doch gelungen, in diese feinfühlige, hochsensible Wolfswelt einzudringen und in dieser Lebensphase von den Welpen als älteres, futterbringendes Wolfstier akzeptiert zu werden. Dies war nur möglich, weil Otto und Else, beiden gab ich den Vornamen meiner Eltern, Ziehkinder von mir waren und ich als oberstes Wolfstier mit ihnen harmonierte. Etwa zwei bis drei Tage gaben die Wolfseltern nur kleine hochgewürgte Fleischstücke den an ihren Fängen mit ihren Schnäuzchen nach Futter drängenden Welpen frei. Sodann brachen sie das Fleisch vor den drängenden Welpen aus, und das wolfseigene Durchsetzungsgerangel zwischen den Welpen begann.

Er merkt genau, wann die Welpen aus der Höhle kommen werden. Es ist wie ein inneres Uhrwerk. Menschlich gesehen, ist bereits ein Funksprechverkehr hergestellt, denn wenn der Alphawolf lockt, antworten die Welpen. Ich stellte mich, den Alphawolf Otto laufend beobachtend und mit ihm in engem Kontakt stehend, genau wie er auf die Ankunft der Welpen ein. Ich imitierte seinen Lockruf und wartete neben ihm. Das war auch deshalb möglich, weil ich mit der Wölfin Else einen engen guten Kontakt hatte. Hinzu kam, daß mein Gesicht, die Hände und Kleidung den gleichen Geruch wie Otto besaßen. Endlich, 23 Tage nach der Geburt, kam der erste Welpe aus der Höhle gekrochen. Otto beschnupperte ihn, der Welpe beroch Otto am Fang und begann zu lecken. Das war die Aufforderung, daß Otto Fleisch hochwürgen solle, was er auch tat, und der Kleine nahm es ihm auch gierig aus dem Fang. Die beiden waren so beschäftigt, daß der Welpe mich gar nicht beachtete. So nach und nach kamen auch die anderen Welpen aus der Höhle und auch die Wölfin

Wie bei Otto und Else gelernt, verhielt ich mich gegenüber den Welpen. Nur daß ich im Gegensatz zu den Wölfen das Fleisch nicht hochwürgte und ausbrach, sondern dies mit Ei vermischt mit den Händen vor sie auf den Boden legte. Aus einer Faszination für mich, die ich mit sehr viel Einfühlungsvermögen, Selbstdisziplin, Ausdauer und Mühe erreicht hatte, wurde allerdings eine harte Enttäuschung. Nach einer Woche kam mir die Idee, das mit dem Fotoapparat festzuhalten. Als ich begann, die ersten Aufnahmen zu machen, flüchtete ein Welpe nach dem anderen in die Höhle. Fast zur gleichen Zeit erschien der Schäfer am Zaun und schrie mit seiner lauten Stimme: „Werner, ich habe zwei tote Schafe für deine Wölfe, die liegen auf der Weide neben dem Pferch.“ „Gut“, sagte ich, „komm aber hier nicht mehr her, du störst mein Zusammenleben mit den Wölfen.“ Natürlich flüchteten auch Otto und Else jetzt ins Buschgelände. Diese kamen aber wieder zurück, als der Schäfer weg war. Die Welpen dagegen ließen sich nicht sehen, solange ich mit den Wölfen vor der Höhle war, obwohl Wolf und Wölfin lockten. Sie kamen jeweils kurz zum Eingang und wie sie mich erblickten, verschwanden sie wieder in der Höhle. Zu fragen brauchte ich mich nicht mehr, warum diese Verhaltensveränderung zustande kam. Als ich wegging waren die Welpen wieder bei ihren Eltern. Das wiederholte sich die nächsten Tage; alle Bemühungen dies wieder einzurenken, wie es vorher war, waren zwecklos. Was ein Wolf oder eine Wölfin entschieden haben, das ist entschieden. Sobald ein Welpe die Scheu gegenüber einem Menschen einleitet, geht dies in Sekundenschnelle auf die anderen über.

Ellesmeer ist inzwischen die schlaueste und dominanteste unter den Polarwölfen. Die andere Wölfin, Alaska, zeigt ihr gegenüber ein untertäniges Verhalten. Wolfswelpen und Jungwölfe sollten während ihres Heranwachsens in zunehmendem Maße wechselnden Situationen ausgesetzt werden, wenn sie von Menschenhand aufgezogen werden. Sonst verkümmern ihre, von der Natur vorgegebenen, Fähigkeiten, und damit wird ihr ureigenes Wolfsleben reduziert. Dies habe ich, lange Jahre ihr Rudelleben teilend, erkannt. So brauchen sie ein größeres Gehege, in dem sie sich auch als Welpen bewegen, spielen, verstecken und im Spiel, die Deckung ausnutzend, andere Welpen anspringen und umwerfen können. Dieses Kräftemessen kommt ihrem späteren Leben zugute. Wenn Welpen nicht gerade schlafen, und das tun sie recht viel in diesem Alter, beobachten sie sich gegenseitig und stellen ihre Taktiken gegenüber den anderen ein. Angeborene Wesensstärke, Durchsetzungsvermögen, Schlauheit, Schnelligkeit, nicht immer körperliche Stärke, sind die Grundlagen späterer Führungswölfe. Das wird im Welpenalter der Wölfe deutlich. Für mich ist die wichtigste Zeit innerhalb eines Wolfslebens die Hauptprägungszeit von der Geburt bis zur vierten Lebenswoche. Das Durchsetzen am Futter beginnt bereits im Alter von drei Wochen, wenn die Welpen das Fleisch aus meinem Fang bekommen.
Ab der neunten bis zwölften Woche ändert sich an der erkennbaren Rangordnung nichts mehr, bis die jungen Wölfe ab November als vollwertige Mitglieder mit dem Rudel der Älteren auf Beutejagd gehen.

Spätestens ab dann herrschen wieder neue Gesetze. Jeder setzt sich nach seinen vorgegebenen Fähigkeiten durch, oder seine Lebenserwartungen sind gering. Wolfsleben ist eben kein Hundeleben. Das Vorhandensein von vielen Beutetieren erleichtert den Wölfen das Leben, wenige Beutetiere erschweren es. Der Hund ist auf seinen Besitzer angewiesen. Die Beutetiere für Wölfe werden durch die Ausbreitung der Menschen und deren Wildtierbeschaffung immer weniger, so daß die Wölfe zum Überleben immer neue Strategien entwickeln müssen und dabei auch die Weidetiere nicht verschonen.

## Artgerechtes Heranwachsen

Um meinen Wölfen ein möglichst artgerechtes Heranwachsen zu ermöglichen, wird ihnen die Möglichkeit gegeben, je nach ihrem Alter und ihren körperlichen Fähigkeiten, früh morgens oder am späten Abend frei auf Feld und Wiese zu laufen. Das beginnt damit, daß ich vorangehe, meine Mitarbeiter auf einem verabredeten Platz die Wölfe von der Leine lassen und ich in einem Versteck liegend mit dem Wolfslock- oder Sammelruf mit ihnen Kontakt aufnehme. Zuerst geschieht dies auf kurze Entfernung, wird dann auf mittlere bis weitere Reichweite ausgedehnt. Wenn die Welpen oder die Jungwölfe meinen Wolfsruf wahrnehmen, laufen sie das Gelände ausnutzend sofort in die Rufrichtung, um mich freudig an meinem Fang zu begrüßen. Interessant sind für sie kleine Hindernisse im Weg. Sie werden umlaufen, denn sie rennen nicht meinem Ruf folgend direkt geradeaus. In für die Welpen und Jungwölfe schwierigem Gelände, richten sie sich immer nach dem für sie günstigen Weg. Meinem Ruf folgend, kommen sie oft von einer ganz anderen als der erwarteten Seite. Verläuft sich ein Welpe oder Jungwolf, so entsteht keine Panik. Er findet die Spur der anderen und kommt nachgelaufen. Es ist selten, daß einer weiter abkommt, so daß ich nochmals locken muß. Das Rudelverhalten der Wölfe kommt in diesem Alter schon klar zum Tragen. Sobald die Welpen das Jungwolfalter erreicht haben, verfolgen sie meine Spur, ohne daß ich rufe. Sie finden mein Versteck in der Regel immer. Selten kommen sie kurze Zeit davon ab. Dann genügt mein Wolfsruf. Auf weite Entfernung beginne ich zu heulen, die Jungwölfe geben Antwort und kommen zu mir gelaufen. So etwa in der zwölften Lebenswoche beginne ich Blutspuren zu legen, indem ich ein Huhn oder Kaninchen im Wald schlachte und diese Beutetiere, anfangs kürzere Strecken, dann weitere, an einem Faden hinter mir herziehe. Jetzt sind die Jungwölfe aufgeregt, überfordert und rennen oft an der Spur vorbei, so daß ich sie wieder auf die Spur führen muß und sie mir dann nachlaufen. Dann beginnen sie erneut, sich schnell vorwärts zu bewegen, um an das Beutetier heranzukommen. Ganz deutlich ist jetzt zu sehen, wer sich an der Beute durchsetzt. Geknurre, Abdrücken und Gesten wie bei einem erwachsenen Wolfsrudel kommen zum Tragen. Später nehme ich Beutetiere wie ein frisch geschlachtetes Schaf oder ein überfahrenes Reh. Wölfe sind eben keine geborenen Hundekuchenfresser. Auch aus Wildkräutern machen sie sich bekanntlich nichts. So gestalte ich das Leben meiner Wolfswelpen und Jungwölfe soweit wie möglich artgerecht und abwechslungsreich. Deswegen suche ich auch immer wieder ein anderes Gelände auf, wobei ich in der Regel zwischen Buschgelände und Wald wechsle. Auch führe ich die Jungwölfe an Gewässer heran, wo sie sich mit mir im Wasser tummeln. Das ist mein Leben mit den Wölfen, nur so kann man sehen, beobachten und immer wieder erneut feststellen, was der Wolf für ein Wesen ist.

Zur artgerechten Haltung von Wölfen ist es erforderlich, daß sich in dem Gehege ein Wasserbecken befindet, wo die Tiere bis zur Brusthöhe gerne hineingehen, um sich zu baden. Dies vermisse ich in den meisten Anlagen für Wölfe. Dann wundert man sich, daß die Wölfe riechen oder sogar stinken. Würden wir Menschen uns nicht den Körper mit Wasser reinigen, hätten wir die gleichen Gerüche am Körper. Wölfe nehmen oft gerne Fremdgeruch auf, indem sie sich in stinkendem Fleisch oder wie ich es in den Gehegen erlebe, an stark riechenden Ziegenböcken oder Fischen reiben, indem sie sich regelrecht auf diesen Beutetieren wälzen. Meist beginnt damit der Alphawolf.

Wissenschaftler haben dafür zwei Thesen: Einmal ist dies Geruchsüberdeckung gegenüber Beutetieren, zum anderen sollen die Wölfe gerne solch einen Geruch im Fell haben. Ich neige nach langjährigen Beobachtungen dazu, daß die Wölfe diesen Geruch mögen, genau wie Menschen Parfum, obwohl es sich hier oft um eine Schweißgeruchsüberdeckung handelt. Der Grund für meine Annahme ist folgender: sobald ich vom Friseur komme, dieser meinen Kopf mit Birkenwasser und die Grenzen meines Bartes mit Alkohol eingerieben hat, spielen die Alphawölfe und die der Rangordnung folgenden Wölfe an meinem Kopf verrückt. Sie benehmen sich an meinem Kopf genau wie am riechenden Beutetier. Die Alphawölfe und die Alphawölfin beginnen. Bei den Timberwölfen lassen beide Alphatiere die anderen Wölfe gar nicht mehr heran. Nur sie reiben sich mit ihrem Körper an mir. Ähnliches findet im Indischen Wolfsrudel statt. Hier beansprucht allein der Rudelchef Maharadscha das Privileg. Schon die oberen Jungwölfe im Alter von zehn bis zwölf Wochen nehmen stürmisch den Geruch auf, und beginnen sich sofort und hastig an mir zu reiben. Die anderen Jungwölfe drücken sie zur Seite, um an den Geruch heranzukommen.

In der vierzehnten Lebenswoche gab ich in das sich im Aufzuchtgehege befindliche Wasserbecken (in einer Größe von drei mal drei Metern und einer Tiefe von achtzig Zentimetern) einige Forellen. Die Wassertiefe war zu diesem Zeitpunkt zwanzig Zentimeter. Die fünf Jungwölfe liefen hastig um das Becken herum und beobachteten ganz aufgeregt die schwimmenden Forellen. Da sprang Ellesmeer in das Becken, schnappte sich die erste Forelle, und tötete diese kurzerhand, sprang wieder aus dem Becken und überließ die tote Forelle den anderen Jungwölfen, die sich darum stritten. Dies machte sie solange, bis alle Forellen von ihr aus dem Becken gefischt waren. Zwischendurch vertilgte sie auch eine. Alle fünf Jungwölfe sind als Beutegreifer geboren, aber Erbfähigkeiten wie Entschlußkraft, Geschick sowie sich durchsetzende Wesensstärke zeigen in diesem Alter, wer später im Rudel führt oder geführt wird. Bei einem späteren Versuch mit gleicher Wassertiefe gelang es ihrem Bruder McKinley und dem Stiefbruder Nanuk, jeweils eine Forelle zu fangen. Vier Wochen danach füllte ich das Becken mit vierzig Zentimetern Wasser, jetzt war es schwieriger. Aber Ellesmeer ging mit dem Kopf unter Wasser und fischte Forellen. Nehmen wir mal an, die Wolfseltern wären durch irgendeinen Grund

Der Oberwolf ist zugleich Beutewolf.

umgekommen (zum Beispiel durch Fallen oder Erschießen) und in diesem Gebiet gäbe es in Bächen genügend Fische, so hätten diese Jungwölfe durch die Fähigkeiten von Ellesmeer überlebt. Um zu Überleben richtet sich in einem Wolfsrudel eben alles nach den fähigsten Tieren, wer zu spät kommt stirbt. So ist das Leben des Wolfsrudels eines der härtesten auf dieser Welt. Gibt es genügend Beutetiere können auch Wesensschwache, in der Rangordnung heruntergedrückte Wölfe überleben. Da in Freigehegen und Zoos das Füttern mit lebenden Beutetieren verboten ist, gibt es dort kein artgerechtes Heranwachsen und Leben von Wölfen und anderen Beutegreifern.

Wölfe, wie sie meistens sind – nämlich friedlich untereinander.

## Zusammenführung von Altrudel und Jungwölfen

Nachdem wir zweimal mit den Jungwölfen am Gehege der Polarwölfe waren, einmal im Juli, letztmals Ende August, schien mir die Eingliederung in das Rudel gegeben. Der Geruchsdrang an meiner Kleidung wurde immer heftiger, wenn ich täglich von den alten zu den jungen und umgekehrt von den jungen zu den alten Polarwölfen in das Gehege ging. Genauso war der Schnauzenkontakt und die Fellberiechung bei der Begegnung am Zaun Ende August stärker. Die Tiere kannten sich ja vom Riechen und Sehen her, während beim ersten Treffen eine gewisse Vorsicht zu registrieren war. Auch war der feinfühlige hochtönige Lockruf von Peter und Arktis jetzt zu hören. Die Jungwölfe reagierten darauf mit wedelnden Lunten.

Die auffälligste Rolle spielte seit Wochen nicht etwa die Alphawölfin Arktis, sondern der Alphawolf Peter. Eine vollkommene, zeitlich begrenzte Wesensveränderung stellte sich ein, nachdem ich erstmals nach den Welpen roch. So begrüßte er mich bis zu diesem Zeitpunkt, wenn ich das Gehege betrat, als erster, indem er an mir hochsprang und mir den Fang beleckte, drehte dann ab und ging wieder seinen Weg. Hudson dagegen, ihm in der Rangordnung folgend, blieb bei mir und ging praktisch nicht weg, wenn ich mich eine Zeitlang auf einen Baumstamm setzte. Ja, er legte oft seinen Kopf auf meine Knie und verhielt sich wie ein anhänglicher Hund. Ein Verhalten, wie ich es seither nur bei Klaus von den ‚wilden fünf', einem Europäischen Wolf, vor zehn Jahren erlebt habe. Das war eine von dem üblichen Rudelverhalten abweichende Anhänglichkeit eines Wolfes, obwohl er sonst im Rudel integriert war. Das änderte sich jetzt, denn Peter schob Hudson knurrend beiseite, ließ auch die anderen Wölfe nicht an mich heran. Ja, er ging gar nicht mehr weg von mir und begleitete mich jedesmal bis zum Ausgang des Geheges. Dies steigerte sich zusehends, nachdem die Jungen Ende August letztmals am Gehege waren.

Warum ging dieses Verlangen nach den Jungen gerade vom Alphawolf aus? Die Alphawölfin Arktis schnupperte zwar interessiert an meiner Kleidung, verhielt sich aber in keiner Weise so aktiv wie der Wolf Peter. Hudson und Ranes kamen selten an mich heran, um an meinem Körper zu riechen, denn Peter knurrte sie an, so daß sie sich regelrecht zurückhielten. Nach meinen Beobachtungen und Vergleichen während meines langen Lebens unter Wölfen besteht für den Alphawolf bis zu dem Alter der Jungwölfe, wo sie von November bis Dezember als gleichwertige Wölfe im Rudel eingegliedert werden, eine von der Natur vorgegebene Versorgungsrolle – ähnlich der Mutteraufgabe. Dies beginnt eindeutig, wenn die Welpen im Alter von drei bis vier Wochen zum ersten Mal die Höhle verlassen. Bis zu diesem Zeitpunkt reagiert der Alphawolf immer aufgeregter und nervöser, beginnt vor der Höhle zu locken und kann kaum den Moment des Herauskommens abwarten. Die anderen Wölfe halten sich dann zurück und werden vertrieben, wenn sie sich zu sehr nähern. Kommt der erste Welpe aus der Höhle, wedelt der Alphawolf mit der Lunte und kann es gar nicht abwarten, bis der oder die Welpen das von ihm hochgewürgte Fleisch mit ihren Mäulchen gierig aus seinem Fang nehmen. Das geschieht nur die ersten Tage, dann bricht er das Fleisch aus, wenn ihn mehrere Welpen zur gleichen Zeit stürmisch bedrängen.

In unserer Situation war dies zeitlich natürlich alles verschoben, aber die von der Natur vorgegebene Versorgungsrolle war geblieben. Peter hatte dies bereits fünf Jahre zuvor erlebt, als Hudson und Ranes in das Gehege kamen. Da war er ja der zweithöchste Wolf im Rudel. Aber es hängt nicht von der Rangordnung ab. Diese Versorgungsrolle steckt naturgemäß in den männlichen Wölfen und kommt zur Auslösung, wenn sie Führungswolf sind und im Rudel Junge zur Welt kommen. Während dieser Zeit handelt der ranghöchste Wolf im Rudel den Jungen gegenüber, wie es eine Mutter nicht besser machen könnte. Bis zur dritten beziehungsweise vierten Lebenswoche spielt sich das Leben von Wolfswelpen grundsätzlich unter der Erde in einer Höhle ab, die Fürsorge obliegt nur der Wölfin. Dann teilen sich beide diese Aufgabe, wobei nach dem Ende der Saugperiode durch die Wölfin die jungen Wölfe sich immer mehr zum Alphawolf hindrängen.

Das Ende des Septembermonats hielt ich für den richtigen Zeitpunkt, die Wölfe in dem Großgehege zusammenzuführen. Samstag, den 23. September, war ich mit meinen Mitarbeitern, welche die Wölfe

Von einem erhöhten Standort bietet sich die beste Übersicht.

mit aufgezogen hatten, verabredet. Ich begab mich früh morgens in das Gehege der Jungwölfe, die mit mir rangelten, und ging anschließend zu dem etwa dreihundert Meter entfernten Gehege der erwachsenen Wölfe. Es fand also eine direkte Geruchsübertragung statt. Meine Frau Erika und die Mitarbeiter leinten inzwischen die Jungwölfe an und machten sich auf den Weg. Nachdem ich im Juli erstmals mit den Jungen am Gehege gewesen war, hatten die Wölfe, Peter voran, unter dem Tor der zweieinhalb Meter langen Schleuse immer wieder gegraben. Das bedeutete, er wollte zu den Jungen, eine Untermauerung dessen, was ich seit Wochen beobachtet hatte.

Etwa fünfzig Meter vor dem Gehege wartete ich auf das Menschen- und Jungwolfrudel und ging voran in die Schleuse. Die Jungwölfe wurden freigelassen und folgten mir. Das ging alles sehr stürmisch zu, ich kam gar nicht mehr dazu, die zweite Tür zu öffnen, da die Jungen nacheinander durch das unter der Tür gegrabene große Loch zu den erwachsenen Wölfen hindurchkrochen. Dann gab es noch einen gewissen Stau, denn Peter und Arktis steckten den Neuankömmlingen ihre Köpfe entgegen und die Jungwölfe beleckten ihre Fänge schon während des Durchkriechens. Gezielt begaben sich die Jungwölfe zu den beiden Alphatieren, wie ich es bei früheren gleichartigen Erstbegegnungen auch schon festgestellt hatte. Zwischendurch wurden Hudson und Ranes begrüßt. Bei vorhergehenden Zusammenführungen von Altwölfen mit Jungwölfen, hatte ich dies aus Zeitmangel und Unwissenheit nicht so intensiv vorbereitet. Deshalb zeigte sich bei den älteren Wölfen eine gewisse Unsicherheit. Immer wieder berochen sie die Jungwölfe, um sich, so vermute ich, zu vergewissern, ob das auch die richtigen Artgenossen sind. Mißtrauen ist Wolfsart und der Geruchssinn der am stärksten ausgeprägte Sinn der Wölfe. Diese Anfangsunsicherheit verkürzte sich in diesem Fall total, denn die Körpergerüche waren durch mich laufend übertragen worden und den Wölfen bekannt. Nach kurzem Beschnuppern und Beriechen, wobei die mit der Lunte wedelnden Jungwölfe den älteren Untertänigkeit zeigten, bewegte sich das Rudel in das Gelände. Voraus der Alphawolf, der das ganze Revier ablief, und alle folgten ihm. Das dauerte etwa eine halbe Stunde. Meine Mitarbeiter meinten, der Peter zeigte jetzt den Jungen ihren neuen Lebensraum. So sah es auch aus.

Erstaunlich war das Verhalten der zwölfjährigen Arktis. Einige Anzeichen hatten mich ein halbes Jahr zuvor ihren baldigen Tod befürchten lassen. Nun war sie voll dabei bei diesem großen Ereignis im Wolfsrudel. Mein Typ war jetzt nicht verlangt, ich hielt mich zurück, und als die Wölfe nach einer Weile etwas erschöpft an die Wasserstelle liefen, kam anschließend das ganze Rudel zu mir. Das war ein Gefühl, als zweibeiniger oberer Ehrenwolf und zugleich von den menschlichen Gesetzen vorgegebener Beutewolf in der Wolfswelt leben zu dürfen. Oft überlege ich mir, woher ich diese Kraft und das grenzüberschreitende Einfühlungsvermögen nehme, um seit Jahren von diesen feinfühligen, dem Menschen gegenüber mißtrauischen Wölfen als ihresgleichen akzeptiert zu werden? Ich beziehe sie wohl aus solchen Glücksmomenten.

Für meine Mitarbeiter ist der Übergang unserer Jungwölfe in das Rudel jedesmal ein Abschied. Kannten sie doch die Wölfe als Welpen und entwickelten für sie Gefühle, beobachteten deren Entwicklung vom Welpen zum Jungwolf und begleiteten sie in das Gelände und in den Wald. Dann ist es für immer vorbei damit. Die Wölfe werden erwachsen und sind keine Spielkameraden mehr. Ähnlich ist es in der menschlichen Gesellschaft auch. Das Abnabeln folgt den Gesetzen der Natur und des Lebens. Wölfe sind eben keine Schmusetiere, darauf bestehe ich konsequent auch meinen Mitarbeitern gegenüber. Das Spielen und Kräftemessen der Tiere untereinander im Welpen- und Jungwolfrudel ist ihre Lebensgrundlage, nicht die Streicheleinheiten von Menschen. Werden diese übertrieben, bringen sie den Wölfen im späteren Rudel nur Nachteile, da diese sich dann nur schwer gegenüber ihren Artgenossen behaupten können.

## McKinley, Ellesmeer, Chaca, Nanuk und Alaska

McKinley ist ein ruhiger bestimmter Wolf, seine beiden Stiefbrüder Chaca und Nanuk sind für ihn keine Herausforderer. Wie er später mit den drei älteren Wölfen im Rudel klarkommen wird, zeichnet sich jetzt noch nicht ab. Er führt das Jungwolfrudel an, sobald die Jungen im Gehege nicht mit den älteren Wölfen zusammen sind.

Ellesmeer ist eine Wölfin von besonderem Format. Sie zeigt sich aufgrund ihrer Handlungen und besonderen Wolfsfähigkeiten den anderen Jungwölfen gegenüber überlegen. Sehr selbstbewußt und dickköpfig wirkend, nahm sie anfangs das

Das größte Glück für mich: Die Wölfe haben mich in ihr Leben aufgenommen.

Milchfläschchen nur von mir, nachdem sie mich als Mutter anerkannt hatte. Mit sechzehn Tagen erkannte sie sofort den Fremdgeruch der Europäischen Wölfe an meinem Bart und reagierte mit Zurückweichen. In der vierzehnten Lebenswoche erwies sie sich auf Anhieb als geschickte Forellenfängerin. Gegenüber der Wölfin Alaska setzte sie sich in der achten Lebenswoche überlegen durch.

Eine meiner Mitarbeiterinnen hatte während der Jungwolfaufzucht ihre achtzehnmonatige Saarlooswolfshündin Jessi hier in Merzig dabei. Diese wurde jedoch separat gehalten. Benannt wurde diese Hunderasse nach dem holländischen Genetiker Leendert Saarlos, der sie im Jahre 1930 gezüchtet hatte. Es handelt sich um eine Kreuzung zwischen Deutschem Schäferhund und Europäischem Wolf. Es sind sehr vorsichtige, zurückhaltende, mit Wolfsfluchtinstinkt geprägte Hunde. Die Züchter geben oft damit an, wieviel Prozent Wolf noch in diesen Hunden vorhanden ist, um den Käufer zu locken. Ich wollte wissen, wie sich Jessi gegenüber den zwölf Wochen alten Jungwölfen und diese sich gegenüber der Hündin verhalten. So brachte Bianca ihre Hündin mit in den Wald, wo wir mit den Jungwölfen unterwegs waren. Laufender Kontakt

Beutejagd kann anstrengend sein.

hatte schon vorher am Zaun des Aufzuchtgeheges bestanden. Die Jungwölfe spielten mit der Hündin und sie mit ihnen, als hätten sie das gleiche Alter. Nur Ellesmeer stellte sich gegen die Hündin und diese tat das gleiche. Wir trennten beide sofort, da eine körperliche Auseinandersetzung bevorstand. Der Versuch war damit beendet. Ellesmeer hat also Jessi als Konkurrentin gesehen. Dabei wurde mir klar, daß diese Hündin das Verhalten einer etwa vierteljährigen Wölfin zeigte. Langjährige Beobachtungen ließen mich erkennen, daß sich gerade Wölfinnen bereits in diesem Alter um ihre Dominanz mit unmißverständlicher Vehemenz bemühen.

Als ich am zweiten Oktober frühmorgens zum Freigehege kam, lagen die erwachsenen Wölfe auf dem Waldhügel und beobachteten die Jungwölfe. Plötzlich sprangen sie auf und rannten zu den Jungen. Die Jungwölfe verhielten sich jagdlich, hastig sich zwischen den im Gehege umgestürzten alten Bäumen bewegend. Mir war gleich klar, daß sie ein Beutetier jagten. Das war kein Spielverhalten. Aber welches Beutetier sollte sich da verirrt haben? Nach etwa zwei Minuten war das Rätsel gelöst, denn Ellesmeer hatte ein Tier im Fang, und alle anderen rannten hinterher. Bald war der Jagdtrieb erloschen. Erschöpft liefen sie zur Wasserstelle, um zu trinken. Dabei sah ich, daß Ellesmeer einen Marder im Fang trug. Als ich das Gehege betrat, sammelten sich alle Wölfe um mich herum, die übliche Begrüßung mir gegenüber. Ellesmeer behielt dabei den Marder im Fang und zeigte mir diesen, dabei die anderen Wölfe anknurrend. Später konnte ich sehen, daß sie den Steinmarder durch Kopfbiß getötet hatte. Es handelte sich um einen Jungmarder aus diesem Jahr. Viele Wölfe habe ich aufgezogen und mit ihnen gelebt. Sie waren mit mehr oder weniger Fähigkeiten begabt. Aber Ellesmeer ist mit ihrem starken Wesen, ihrer Dominanz und ihren Fähigkeiten einzigartig.

Chaca: Er ist der körperlich stärkste Wolf aus dem Leipziger Wurf, ruhig und abwartend in seinem Wesen. Schon als Welpe zeigte er, wenn er genügend versorgt war oder sich versorgte, daß er am liebsten seine Ruhe haben wollte. Mit McKinley legt er sich nicht an, spielt aber oft mit Alaska. Bei ihm werden erst spätere Herausforderungen zeigen, welchen endgültigen Rang er im Rudel haben wird. Abwarten, die anderen beobachten und Kräfte schonen sind seine typischen Eigenschaften. Von selber unternimmt er keine Initiativen, wird er jedoch herausgefordert, kann er sehr aggressiv werden. Sein Herausforderer ist Nanuk, den er aber immer wieder runterdrückt, wenn sich beide zum Beispiel um ein Huhn streiten. Ob das so bleibt ist abzuwarten, denn der körperlich schwächere Nanuk hat inzwischen an Körpergröße und Kraft aufgeholt.

Nanuk: Nachdem er durch Hildegards von mir angeordneten Sonderversorgung sichtlich an Körpergewicht den anderen Welpen gegenüber aufgeholt hatte, entwickelte er eine für sich eigene Strategie. Die anderen immer beobachtend, wenn diese sich um das auf dem Boden liegende Fleisch stritten, schnappte er sich einen Brocken und verzehrte diesen in einer Ecke der Hütte. Das gleiche wiederholte sich im Außengehege, indem er mit dem Fleisch in das Buschgelände verschwand und oft erst wieder auf der Bildfläche erschien, wenn er sich satt gefressen hatte. Gab ich den Jungwölfen später frisch geschlachtete Hühner, rissen diese mit ihrem Fang erst die Bauchdecke auf. Nanuk tat dies bei seinem Huhn auch, um als erstes den Hühnermagen und die Innereien zu fressen. Hatte er das getan, schlich er um die anderen Welpen herum und nützte oft den Moment, um aus deren Hühnern den Magen herauszureißen und damit zu verschwinden. Er war so gesehen ein Hühnermägen- und Innereienspezialist. Die anderen Teile des Huhnes verzehrte er so am Rande. Menschlich gesehen würde man das so deuten, er ist ein Feinschmecker. Aber ich sehe das anders, er brauchte diese Teile des Huhnes für seinen körperlichen Aufbau. Trotz des guten Heranwachsens und der Zunahme an körperlicher Stärke, war er doch noch etwas zurückgeblieben. Als er später die gleiche Körpergröße wie die anderen Wölfe erlangt hatte, verhielt er sich am Beutetier genau wie die anderen Wölfe und ging der Konkurrenz nicht aus dem Wege. Anfangs habe ich deshalb in erster Linie Bedenken, die Welpen im Alter von vier und fünf Wochen zusammenzuführen, weil bei der ersten Begegnung durch den Zaun Ellesmeer gegenüber Nanuk Aggressionen gezeigt und nach ihm gebissen hatte.

Der Alpha-Wolf springt an mir hoch und schaut auf seine Rudelmitglieder nieder.

Aber obwohl der Kleine laufend abgewiesen wurde, gab er nicht auf, sich immer deutlicher auf Ellesmeer zu konzentrieren und Untertänigkeit zu zeigen. Dies war eine nicht zu überbietende Hartnäckigkeit. Bald hatte er es geschafft, Ellesmeer wedelte mit der Lunte und ließ sich von dem kleinen Nanuk den Fang lecken. Das war für mich wie für Nanuk eine Freude. Ich öffnete die Tür, beide Wolfswürfe kamen zusammen und beschnupperten sich. Dabei lief Nanuk direkt auf Ellesmeer zu. Er war anerkannt und hielt sich ab sofort meistens in ihrer Nähe auf. Wenn er ihr gegenüber hin und wieder zu aufdringlich wurde, zeigte sie ihm dies an, indem Ellesmeer sich über ihn stellte. McKinley akzeptierte er als starken Wolf und ließ sich nicht mit ihm ein. Wölfe beobachten sich immer gegenseitig, um ihre Chance wahrzunehmen, einen höheren Rang im Rudel zu erreichen. So begann Nanuk bald, sich mit Chaca anzulegen. Er störte ihn dabei, wenn dieser am Beutetier beim Fressen war, oder forderte Chaca einfach frech heraus und das, obwohl Chaca sichtlich seine Ruhe haben wollte. Wenn Chaca von Nanuk herausgefordert wurde, setzte er seine Körperkraft ein. Nanuk zog den kürzeren und zog sich zurück. Da Nanuk mir als der schlauere Wolf erscheint, wird er, wie ich es bei ähnlichen Auseinandersetzungen anderer Wölfe seit Jahren beobachte, eines Tages über Chaca stehen. Die zukünftige Rangordnung, das zeigen die einzelnen Charaktere innerhalb des Rudels, zeichnet sich schon im jungen Alter der Wölfe ab. Nanuk ist ein schnell handelnder Wolf, menschlich gesehen ist er pfiffig. Ellesmeer beim Fischen beobachtend, nahm er ihr oft blitzschnell die Forelle aus ihrem Fang und verschwand hinter den Büschen, um sie zu verzehren, während Ellesmeer ihrem Jagdtrieb folgend, sofort die nächste Forelle fing.

Alaska: Anfangs eine muntere Wolfswelpin, begann sie bald, sich an der Milchflasche und am Fleisch den anderen Welpen gegenüber durchzusetzen. Es war aber zu erkennen, daß sie psychisch unter den überdurchschnittlichen Wolfsfähigkeiten von Ellesmeer litt. Nach zwei bis drei Auseinandersetzungen verhält sie sich Ellesmeer gegenüber untertänig und hat sich zurückgezogen. Ihr eigenes Ich kann sie nicht entfalten, ihre Grenzen sind abgesteckt. Die absoluten Grundsätze eines Wolfsrudels mußte sie schon früh zu akzeptieren lernen.

## Das Heulen eines einsamen Wolfes

Vom Phänomen des einsam heulenden Wolfes hat man schon gehört, es wurde darüber gesprochen, geschrieben und diente als Effekt in Romanen. Aber um was handelt es sich dabei eigentlich? Es ertönt eine melancholische, wehleidig klagende, fast eintönige Stimme, kraftlos hervorgestoßen aus dem Fang eines Wolfes. Der Kopf ist dabei hoch erhoben. Das Tier bringt damit seinen seelischen Zustand zum Ausdruck, denn es handelt sich immer um Wölfe, die von einem Rudel ausgestoßen wurden. Dieses Ausgestoßensein wiegt bei Mensch wie Wolf sehr schwer, oft schwerer als Krankheit. Als Rudelmitglied geboren, ist das Tier nun allein gelassen. Das wird in einem Heulen kundgetan, das sich vollkommen vom kräftig schallenden Heulen eines Wolfes im Rudel unterscheidet.

Wenn eines meiner vier Rudel – Alaskawölfe, Europäische, Indische und Timberwölfe – im Wald heult, geben die anderen Rudel sofort Antwort

Ein aus dem Rudel verstoßener Wolf erhält auf sein Heulen keine Antwort!

und bezeugen damit: Hier sind wir! Heult hingegen ein aus dem Rudel verstoßener oder sich in einem Gehege allein befindlicher Wolf, kommt von den anderen keine Antwort. Denn seine Stimme besagt, daß er ausgestoßen und damit für das Wolfsleben verloren ist. Dies ist hart, aber unabänderlich. In den vielen Jahren unter Wölfen mußte ich solche Begebenheiten hinnehmen und kann sie deuten.

Es handelt sich um abgelöste Alphawölfe, Alphawölfinnen oder Tiere, die von den Leittieren zurückgedrängt wurden, weil sie die oberste Stelle im Rudel einnehmen wollten. Wenn ein Abdrängungsvorgang vom Führungstier eingeleitet ist, beißt das ganze Rudel auf diesen „Emporkömmling" ein. Ihm bleibt nur noch die Flucht. Wird die Beute im Jagdgebiet des Rudels knapp, in strengen Wintern bei hohem Schnee, dann bleiben zuerst die schwächsten Wölfe im buchstäblichen Sinne „auf der Strecke". Ein erfahrener russischer Wolfsjäger, der lange Jahre in Sibirien tätig war, erzählte mir ebenfalls von einem einsam heulenden, fast klagenden Wolf.

Rangkämpfe und Futtermangel sind die entscheidenden Faktoren bei der Ausstoßung eines Wolfs aus dem Rudel. Futtermangel gibt es bei mir nicht. Trotzdem kenne ich Beispiele des Ausgestoßenwerdens. Anfangs hatte ich keine andere Wahl, ich mußte ein Tier von einem Jäger durch gezielten Schuß erlösen lassen. Der Wolf war seelisch vollkommen verelendet und durch Bisse schrecklich zugerichtet. Schwer für mich, denn alle Wölfe sind ja meine Brüder. Doch inzwischen habe ich für abgebissene Tiere geräumige Ersatzgehege bauen lassen. Sie werden mit dem Betäubungsgewehr oder Blasrohr betäubt und in diese Gehege gebracht.
So mußte ich vor Jahren den Jugoslawischen Wolf Strolch aus dem Gehege am Ellerhof nehmen, da er von der Alphawölfin Kathrin laufend attackiert wurde. Da das Führungstier ihn nicht mochte, wurden ihm auch von anderen Wölfen Verletzungen beigebracht. Nachdem ich ihn in ein dafür eingerichtetes Gehege im Kammerforst gegeben hatte, wurde er dort vierzehn Jahre alt.

Als ich 1993 ein Europäisches Wolfsrudel von vier Wölfen und einer Wölfin aufzog, hatte ich vorher ein geräumiges Nebengehege für die zwölfjährigen Jugoslawischen Wölfe Igor und Micha bauen lassen. Doch die beiden alten Wölfe wollten immer wieder in ihren früheren Lebensraum zurück und begannen mit dem Verlassenheitsheulen an dem Tag, an dem sie umgesiedelt wurden. Auch sie bekamen keine Antwort mehr von den anderen Wolfsrudeln. Das 1995 aufgezogene Rudel Polarwölfe, drei Wölfe und zwei Wölfinnen, verwies bereits im Herbst 1996 die beiden siebenjährigen Wölfe Ranes und Hudson aus dem Rudel, obwohl die fünf Jungwölfe vom alten Rudel ohne Probleme aufgenommen worden waren. Das war ein Fehler von mir. Ich hatte mit fünf Jungwölfen ein neues Rudel innerhalb des aus vier Wölfen bestehenden alten Rudels aufgebaut. Gemeinsam aufgewachsene Wölfe halten eine Zeitlang zusammen. Die abgewiesenen zwei Wölfe wurden betäubt und kamen in das direkt neben unserem Holzhaus liegende Gehege. Ihr Heulen ist gleich klagend und eintönig. Sie wollen zurück, bekommen aber weder von ihrem früheren Rudel noch von den anderen eine Antwort.

Unterscheiden sich die einzelnen Wolfsarten auch in bestimmten Merkmalen voneinander, so jedoch nicht in dieser spezifischen Art des Heulens. Nur wenn ich mit diesen ausgestoßenen Wölfen heule, dann antworten die anderen Wölfe, reagieren also auf das zweibeinige obere Wolfstier, nicht aber auf die Artgenossen. Heulen bedeutet in diesem Fall Ausdruck von Macht. Es dauerte übrigens eine Weile, bis die ausgewiesenen Wölfe wieder Vertrauen zu mir faßten. Sie begegneten mir anfangs vorsichtig, sehr untertänig, ja ängstlich. Das ist verständlich, denn ich gehöre ja zur oberen Führung der Wölfe, und von dieser Schicht wurden sie ja verjagt.